A IDENTIDADE
INTERNACIONAL DO BRASIL
E A POLÍTICA EXTERNA BRASILEIRA

Supervisão editorial	J. Guinsburg
Projeto Gráfico	Adriana Garcia
Capa	Sergio Kon
Foto do Autor	Gustavo Magalhães
Produção	Ricardo W. Neves
	Sergio Kon

CELSO LAFER

A IDENTIDADE INTERNACIONAL DO BRASIL E A POLÍTICA EXTERNA BRASILEIRA

PASSADO, PRESENTE E FUTURO

Dados Internacionais de Catalogação na Publicação (CIP)
(Câmara Brasileira do Livro, SP, Brasil)

Lafer, Celso, 1941–
    A Identidade internacional do Brasil e a política
externa brasileira: passado, presente e futuro / Celso
Lafer. – São Paulo : Perspectiva, 2014.

    3ª reimpr. da 2ª ed. de 2004
    ISBN 978-85-273-0257-9

    1. Brasil – Relações exteriores I. Título

01-3777   CDD-327.81

Índices para catálogo sistemático:
1. Brasil : Identidade internacional : Política externa   327.81
        2. Brasil : Relações internacionais   327.81

2ª edição – 3ª reimpressão

Direitos reservados à
EDITORA PERSPECTIVA S.A.

Av. Brigadeiro Luís Antônio, 3025
01401-000 São Paulo SP Brasil
Telefax: (011) 3885-8388
www.editoraperspectiva.com.br

2014

O Brasil sempre teve consciência do seu tamanho e tem sido governado por um sentimento profético do seu futuro.

Joaquim Nabuco, *O Sentimento da Nacionalidade na História do Brasil* (Conferência no Clube Hispânico da Universidade de Yale, 15 de maio de 1908).

Mas sobre o tronco sonoro da língua do ão Portugal reuniu 22 orquídeas desiguais.

Nós somos na Terra o grande milagre do amor! E embora tão diversa a nossa vida Dançamos juntos no carnaval das gentes Bloco pachola do "Custa mas vai!"

Mário de Andrade, *Noturno de Belo Horizonte* (1924).

À memória de A. Jacob Lafer (São Paulo, 1907-1980), meu pai, com gratidão, saudade e admiração.

Aos meus filhos, Manuel, Inês e Tiago.

Sumário

Nota Introdutória *13*

I. O Significado da Identidade Internacional num
Mundo Globalizado *15*

II. O Brasil como um País de Escala Continental:
A Relevância das Origens Históricas na
Construção da Identidade Internacional Brasileira *23*

III. O Contexto da Vizinhança: o Brasil na América
do Sul – sua Importância na Construção
da Identidade Internacional Brasileira *51*

IV. O Brasil no Eixo Assimétrico do Sistema
Internacional: uma Potência Média de Escala
Continental e as Constantes Grocianas
de sua Atuação no Plano Multilateral *65*

V. A Busca do Desenvolvimento do Espaço
Nacional: o Nacionalismo de Fins e a Diplomacia
da Inserção Controlada no Mundo   *83*

VI. O Desafio do Século XXI: o Desenvolvimento
através da Inserção no Mundo   *107*

Posfácio   *123*

Nota Introdutória

Este livro foi redigido no ano 2000, a convite da Editora Perspectiva. É um balanço de minhas pesquisas e reflexões de muitos anos sobre a política externa brasileira, adensado pela minha experiência diplomática na década de 1990. Neste sentido, combinei metodologicamente o ângulo externo do estudioso das relações internacionais e o ângulo interno de quem viveu, na prática, os limites e as possibilidades do embate entre os conceitos e as realidades.

O seu momento inicial foi um artigo de 1967 sobre o sistema das nossas relações internacionais. O seu antecedente imediato foi o convite recebido em agosto de 1999 para escrever texto sobre política externa de um número especial de *Daedalus* – a revista da Academia Americana de Artes e Ciências, dedicado ao nosso país. Esse volume coletivo, intitulado *Brazil: The Burden of the Past; the Promise of the Future*, publicado na primavera norte-americana de 2000 (vol. 129, n. 2) foi concebido no contexto reflexivo instigado pelos 500 anos.

O presente livro é uma ampliação elaborada do texto de *Daedalus* e nele busco interpretar o Brasil a partir da perspectiva da política externa, com destaque para a relação continuidade/mudança do processo histórico de inserção do nosso país no mundo.

Neste esforço de interpretação, busquei também explicitar o "modelo"das relações internacionais do Brasil. Para isso procurei, um pouco à maneira de Max Weber, construir um "tipo ideal", vale dizer, uma organização de relações inteligíveis próprias a uma sucessão de acontecimentos, que adquirem significado à luz do nosso presente. Devo ressalvar que, na elaboração do "modelo", realcei o que entendo ser sua coerência profunda, de duração longa, e não suas incoerências conjunturais, que evidentemente existem e são uma conseqüência natural das contradições da vida e da ação política.

Neste início de século XXI, no qual a interação Brasil/mundo é tão importante para a configuração do destino nacional e o interesse pelas relações internacionais vem crescendo em nosso país, é minha esperança que este livro possa contribuir para a discussão e o debate democrático da política externa como uma importante política pública.

Celso Lafer

São Paulo, 15 de janeiro de 2001

Capítulo I

O SIGNIFICADO DA IDENTIDADE INTERNACIONAL NUM MUNDO GLOBALIZADO

O termo *identidade* é carregado de problemas. Uma das suas muitas dificuldades é o relacionamento com outros termos, tais como alteridade, diferença, igualdade. Não obstante essas dificuldades, pode ser entendido, por via de aproximação, como um conjunto mais ou menos ordenado de predicados por meio dos quais se responde à pergunta: quem sois? Se a resposta a esta pergunta no plano individual não é simples, no plano coletivo é sempre complexa.

O ponto de partida da construção da identidade coletiva, como observa Bovero, é a idéia de um bem ou interesse comum que leva pessoas a afirmarem uma identidade por semelhança, lastreada numa visão compartilhada deste bem ou interesse comum[1]. Assim, por exemplo,

1. Michelangelo Bovero, *"Identità Individuali e Collettive"*, *Richerche Politique Due – Identità, interessi e scelte colletive*, Milano, II Saggiatori, 1983, pp. 31-57.

pode se falar na existência de uma identidade política de esquerda ou uma de identidade religiosa católica. Assim também pode se falar de identidades nacionais, que paradoxalmente se formaram e se formam em função da vida internacional, no contato e na interação com o Outro. Anne-Marie Thiesse, ao discutir a criação das identidades nacionais na Europa dos séculos XVIII, XIX e XX aponta que, se a nação nasce de um postulado e de uma invenção, ela só vive pela adesão coletiva a esta invenção, ou seja, por obra da interiorização, por uma cidadania, daquilo que é considerado o repertório comum. Se este repertório é ou não uma realidade, se ele é efetivamente comum[2]; se dele deriva um lastro de solidariedade que sustenta uma convivência coletiva apropriada, é matéria de recorrente discussão histórica, sociológica e filosófica no Brasil e nos países do mundo. Esta problematicidade, por assim dizer ontológica, não é o que caracteriza a política externa e a atividade diplomática. Com efeito estas têm, como item permanente na agenda, o defender os interesses de um país no plano internacional. Identificar esses interesses e a sua especificidade, diferenciando-os daqueles dos demais atores que operam na vida internacional é, assim, um problema prático e um exercício diário da representação da identidade coletiva de um país.

Traduzir necessidades internas em possibilidades externas para ampliar o poder de controle de uma sociedade sobre o seu destino, que é no meu entender a tarefa da política externa, considerada como política pública,

---

2. Anne-Maire Thiesse, *La création des identitès nationales – Europe XVIII^{éme} – XX siècle*, Paris, Seuil, 1999, pp. 11-18; Ernst Gellner, *Encounters with Nationalism*, Oxford, Blackwell, 1994.

passa por uma avaliação da especificidade desses interesses[3]. Esta avaliação baseia-se numa visão, mais ou menos explícita, de como realizar o bem comum da coletividade nacional, o que não é uma tarefa singela. Num regime democrático, como é o caso do Brasil, pressupõe processos de consulta e mecanismos de representação. Requer novos e abrangentes mapas de conhecimento à luz do processo de globalização que, lastreado na inovação tecnológica, não só acelerou o tempo e encurtou os espaços como também diluiu a diferença entre o "interno" e o "externo".

A diluição da diferença entre o "interno e o "externo" vem levando ao questionamento de uma das clássicas hipóteses de trabalho da teoria das relações internacionais: a que conferia à política externa uma esfera de autonomia em relação à política interna. Tal autonomia estava lastreada nas características predominantemente interestatal e intergovernamental do funcionamento do sistema internacional, configurado pela Paz de Vestfália (1648).

Numa configuração interestatal, são o diplomata e o soldado que vivem e simbolizam as relações internacionais, basicamente concentradas na diplomacia e na guerra como expressão da soberania, na formulação de Raymond Aron[4].

A expressiva diluição entre o "interno" e o "externo", que vem sendo intensificada pelo movimento centrípeto da lógica da globalização, mudou a dinâmica

---

3. Sobre a política externa como política pública, cf. Marcel Merle, "La Politique étrangère", *Traité de Science Politique – 4 – Les politiques publiques*, Madeleine Grawitz et Jean Leca, edit. Paris, PUF, 1985, pp. 467-533.

4. Raymond Aron, *Paix et guerre entre les nations*, 3ª ed., Paris, Calmann-Levy, 1962, p. 18.

das relações internacionais. É por esta razão que hoje os estudiosos tendem a definir o campo como o das complexas redes de interação governamentais e não governamentais – que estruturam o espaço do planeta e a governança do mundo. Daí o tema de uma diplomacia global e o problema correlato da sua multiplicidade de atores que passaram a incluir, rotineiramente, as empresas transnacionais, as organizações não-governamentais, a mídia – e seu papel na estruturação da agenda da opinião pública, os partidos políticos, os sindicatos, as agências de *rating* do mercado financeiro etc.[5]

Esta ampliação do campo não elimina, no entanto, a importância dos estados e das nações na dinâmica da vida internacional. Com efeito, não só os indivíduos continuam a projetar suas expectativas, reivindicações e esperanças sobre as nações a que pertencem, como também o bem-estar da imensa maioria dos seres humanos segue intimamente vinculada ao desempenho dos países em que vivem. Por isso, a legitimação dos governos apóia-se cada vez mais na eficácia que demonstrem no atendimento das necessidades e aspirações dos povos que representam. É por esta razão que no mundo contemporâneo os estados e os governos são e permanecem sendo indispensáveis instâncias públicas de intermediação[6]. Instância *in-*

---

5. Cf. Marie-Claude Smouts (ed.), *Les Nouvelles Relations Internationales – Pratiques et Théories*, Paris, Presses de Science Po., 1998, Introd. p. 14; Luigi Bonanate, "Il Secolo delle Relazioni, Internazionali", *Teoria Politica*, XV, n. 2-3, 1999, pp. 5-27; Keith Hamilton e Richard Langhorne, *The Practice of Diplomacy, its Evolution, Theory and Administration*, London/N. York, Routledge, 1995.

6. Cf. Margareth Canovan, *Nationhood and Political Theory*, Cheltenham, Edward Elgar, 1996; Celso Lafer, discurso de posse, em 4 de janeiro de 1999, no cargo de Ministro do Desenvolvimento,

terna de intermediação das instituições políticas do estado com uma população que, num território, compartilha um repertório de bens econômicos, de conhecimentos técnicos e científicos, de informação e de cultura; instância *externa* de intermediação com o mundo.

Esta intermediação externa parte de uma visão da identidade coletiva, de um *nós* assinalador de especificidades. Entre estas especificidades cabe destacar a localização geográfica no mundo, a experiência histórica, o código da língua e da cultura, os níveis de desenvolvimento e os dados de estratificação social.

Tal diferenciação obedece à lógica das identidades que interage com a lógica da globalização no sistema internacional, nele reverberando em novos moldes o jogo dialético entre as "luzes" da objetividade racional da "Ilustração" e a subjetividade da auto-expressão individual e coletiva liberadas pelo Romantismo. É esta interação que conforma o pluralismo do mundo. Daí a razão de ser da diferenciação de interesses estratégicos, políticos e econômicos e de visões que dão a perspectiva organizadora e as coordenadas da inserção de um país no mundo. É por este motivo que a diplomacia, como uma política pública, se alimenta numa dialética de mútua implicação e polaridade, tanto da História do "eu", quanto da História do "outro", como aponta Luiz Felipe de Seixas Corrêa[7].

Indústria e Comércio, em *Desenvolvimento, Indústria e Comércio – Debates, Estudos Documentos* – I (relatório de atividades, 1 de janeiro de 1999 a 16 de julho de 1999, do Ministro Celso Lafer, no MDIC) São Paulo, FIESP/CIESP, Instituto Roberto Simonsen, 1999, pp.7-8.

7. Luiz Felipe de Seixas Corrêa, "Política Externa e Identidade Nacional Brasileira", *Política Externa*, vol. 9, n. 1 (jun./jul./ago.) 2000, p. 29.

Ortega y Gasset observou que a perspectiva é um dos componentes da realidade. Ela não a deforma, mas a organiza[8]. Esta avaliação epistemológica de caráter geral é, pelos motivos acima expostos, extremamente apropriada para a análise da política externa, que é naturalmente a expressão do ponto de vista de um país sobre o mundo e seu funcionamento. Este ponto de vista pode ter, como é o caso do Brasil, uma dimensão de continuidade, explicável em função do impacto de certos fatores de persistência da inserção do país na vida internacional. Tais fatores de persistência estão ligados ao que Renouvin e Duroselle qualificam de "forças profundas", que oferecem indispensáveis elementos para explicar, de forma mais abrangente, iniciativas, gestos e decisões governamentais[9]. No caso brasileiro, entre estes fatores cabe destacar o dado geográfico da América do Sul; a escala continental; o relacionamento com os muitos países vizinhos; a unidade lingüística; a menor proximidade, desde a Independência em 1822, dos focos de tensão presentes no centro do cenário internacional; o tema da estratificação mundial e o desafio do desenvolvimento. Estes fatores de persistência contribuem para explicar traços importantes da identidade internacional do Brasil, ou seja, o conjunto de circunstâncias e predicados que diferenciam a sua visão e os seus interesses, como ator no sistema mundial, dos que caracterizam os demais países.

Para a construção da identidade internacional do Brasil muito contribuiu a ação contínua no tempo e qualitativa na matéria do Ministério das Relações Exteriores,

---

8. José Ortega y Gasset, *El Tema de Nuestro Tiempo,* 13ª ed., Madrid, Revista de Ocidente, 1958, cap. X.

9. Pierre Renouvin e Jean-Baptiste Duroselle, *Introduction à l'histoire des relations internationales,* 4ª ed., Paris, Colin, 1991.

que logrou afirmar-se, no correr da história brasileira, como instituição permanente da nação, apta a representar os seus interesses, porque dotado de autoridade e de memória. A consciência da memória de uma tradição diplomática – a existência dos antecedentes, na linguagem burocrática – confere à política externa brasileira a coerência que deriva do amálgama das linhas de continuidade com as de inovação, numa "obra aberta" voltada para construir o futuro através da asserção da identidade internacional do país. Daí um certo estilo de comportamento diplomático que caracteriza o Itamaraty e que é, como todo estilo, expressão de uma visão do mundo[10].

A relação entre passado e futuro, tradição e renovação, em matéria de política externa e do papel do Itamaraty, foi formulado nos seguintes termos por San Tiago Dantas, com aquela limpidez conceitual que foi a marca de sua presença na vida pública brasileira:

A continuidade é requisito indispensável a toda política exterior, pois se em relação aos problemas administrativos do país são menores os inconvenientes resultantes da rápida liquidação de uma experiência ou da mudança de um rumo adotado, em relação à política exterior é essencial que a projeção da conduta do Estado no seio da sociedade internacional revele um alto grau de estabilidade e assegure crédito aos compromissos assumidos.

A política exterior do Brasil tem respondido a essa necessidade de coerência no tempo. Embora os objetivos imediatos se transformem sob a evolução histórica de que participamos, a conduta internacional do Brasil tem sido a de um Estado consciente dos próprios fins, graças à tradição administrativa de que se tornou depositária a Chancelaria Brasileira, tradição que nos tem valido um justo conceito nos círculos internacionais[11].

10. Celso Lafer, "A Autoridade do Itamaraty", *A Inserção Internacional do Brasil – A Gestão do Ministro Celso Lafer no Itamaraty*, Brasília, M.R.E., 1993, pp. 375-387.

11. San Tiago Dantas, *Política Externa Independente*, Rio de Janeiro, Civilização Brasileira, 1962, p. 17.

Nos capítulos que seguem, examinarei traços básicos da identidade internacional do Brasil a partir destas linhas de raciocínio, voltadas para buscar e apreender as tendências inerentes à "duração longa" da diplomacia brasileira. Meu objetivo é indicar como os traços da identidade e da sua evolução configuraram a política externa do país no passado; a seguir, como são conformadoras das suas atuais características; finalmente, especular sobre que tipo de impacto poderão ter na elaboração do futuro da política externa do Brasil.

É a partir dessa linha de raciocínio que proporei algumas reflexões sobre a política exterior brasileira nesta virada do milênio, lastreadas no processo de construção da nossa identidade internacional.

Capítulo II

O BRASIL COMO UM PAÍS DE ESCALA CONTINENTAL: A RELEVÂNCIA DAS ORIGENS HISTÓRICAS NA CONSTRUÇÃO DA IDENTIDADE INTERNACIONAL BRASILEIRA

O Brasil tem uma especificidade que lhe confere identidade singular no âmbito do sistema internacional, no século que se inicia. É, pelas suas dimensões, um país continental, como os EUA, a Rússia, a China (membros-permanentes do Conselho de Segurança) e a Índia. É por esta razão que George F. Kennan, em *Around the Cragged Hill*, ao pensar sobre o tema das dimensões na experiência política norte-americana, inclui o Brasil junto com estes países na categoria de *monster country*, considerando, na construção desta qualificação, além dos dados geográficos e demográficos, os dados econômicos e políticos e a magnitude dos problemas e dos desafios[1]. Com efeito, o Brasil, pelo tamanho de seu território (8 547 000 km² – o quinto país do mundo em extensão), de

---

1. George F. Kennan, *Around the Cragged Hill – A Personal and Political Philosophy*, N. York, Norton, 1993, p. 143.

sua população (170 milhões de habitantes) e pelo seu PIB (que situa a economia brasileira entre as 10 maiores do mundo) é, naturalmente, parte da tessitura da ordem internacional. Tem assim, naturalmente, uma *world view*, como registra Kissinger ao relatar suas conversas com as autoridades brasileiras na década de 70[2].

Ele é, evidentemente, muito diferente da China e da Índia, países asiáticos de cultura milenar; da Rússia, situada entre a Ásia e a Europa e presença relevante desde séculos na cultura e na política desta; e também dos Estados Unidos, que no início do século XX surgem como ator importante na cena mundial. Os Estados Unidos, apesar de terem em comum com o Brasil o fato de serem parte do "novo mundo" criado pela expansão européia a partir das descobertas do século XVI, singularizam-se inequivocamente por serem hoje no sistema internacional a única superpotência mundialmente apta a atuar no pós-Guerra Fria em todos os campos diplomáticos: o estratégico-militar, o econômico e o dos valores. Além desses e de muitos outros aspectos que claramente nos diferenciam dos países continentais acima mencionados, cabe ressaltar, na reflexão sobre a nossa identidade internacional, que, por situar-se na América do Sul, o Brasil não está e nunca esteve, em sua história, na linha de frente das tensões internacionais prevalecentes no campo estratégico-militar da guerra e da paz. Por isso, para voltar a Kennan, não é um *monster country* assustador e não freqüenta, com assiduidade, os livros de relações internacionais e de História Diplomática mundial.

Se um dos dados da identidade internacional do Brasil é a sua escala continental; se o território é uma das

2. Henry Kissinger, *Years of Renewal*, London, Weidenfeld and Nicolson, 1999, p. 740.

dimensões da nação (dimensão que faz da delimitação do espaço nacional um momento importante da política externa de qualquer estado), cabe perguntar: como é que se foi configurando a escala continental do país que é hoje o Brasil?

Sua especificidade geográfica é resultado de um processo histórico, iniciado há 500 anos. *Navegantes, bandeirantes* e *diplomatas* foram os três agentes sociais que no percurso da criação do Brasil configuraram a escala do país, como mostrou Synésio Sampaio Góes Filho em livro recente sobre a formação e a delimitação das fronteiras nacionais. Na análise desse processo ele sublinha que a geografia do país que é hoje o Brasil resultou: (i) dos navegantes portugueses que descobriram o continente sul-americano (no que pode ser considerada a primeira leva da globalização); (ii) dos bandeirantes que ocuparam o território e foram muito além dos limites estabelecidos pelo Tratado de Tordesilhas, celebrado em 1494 entre a Coroa Espanhola e Portuguesa, e voltado muito especialmente para a fixação da linha divisória das áreas de influência luso-castelhana no Atlântico e (iii) dos diplomatas que, a partir de uma ação iniciada no século XVIII, foram consolidando a titulação jurídica do território nacional, seja através de negociação de tratados, seja através da arbitragem internacional[3].

Com efeito, a origem da escala continental do Brasil está na expansão ultramarina portuguesa, um dos ingredientes inaugurais da Idade Moderna. Com os descobrimentos e as suas conseqüências, Portugal deixou de ser

3. Synésio Sampaio Góes Filho, *Navegantes, Bandeirantes, Diplomatas – Um Ensaio sobre a Formação das Fronteiras do Brasil*, São Paulo, Martins Fontes, 1999. Sobre Tordesilhas, cf. Paulo Roberto de Almeida, *Relações Internacionais e Política Externa do Brasil*, Porto Alegre, Editora da UFRGS, 1998, pp. 101-120.

um pequeno Reino independente da península ibérica e ingressou no seu tempo imperial, numa metamorfose que instalou, como observou Eduardo Lourenço, o país e a cultura lusitana num espaço fechado, porém de âmbito universal[4].

A expansão ultramarina portuguesa teve como base uma ação deliberada voltada para o desenvolvimento em Portugal, no século XV, da ciência da navegação. Daí os avanços técnicos na construção de navios, nos instrumentos náuticos, na cartografia e na competência de orientação no mar pelo conhecimento da astronomia.

O lastro da ciência de navegação é indicativo de que as descobertas portuguesas não foram uma improvisação. Não deixaram de ter no entanto um fortíssimo componente de aventura, pois significavam, nas palavras de Camões, em *Os Lusíadas*, singrar "Por mares nunca de antes navegados" (I,1).

A aventura de expansão ultramarina portuguesa, lastreada nos conhecimentos da navegação, teve como um de seus fundamentos a valorização de um saber haurido na experiência. Foi com base no *ver* e não no *ler* que em Portugal se desenvolveram a astronomia de posição e a geografia física[5]. Esta tradição portuguesa de um entendimento que repousa na experiência é afirmada em *Os Lusíadas* (VI,99).

No seu poema, a única grande epopéia da modernidade, Camões – que foi ao mesmo tempo, Poeta, Nave-

---

4. Eduardo Lourenço, *Mitologia da Saudade*, São Paulo, Companhia das Letras, 1999, p. 96.

5. Luis de Albuquerque, "The Art of Astronomical Navigation", *Portugal-Brazil: The Age of Atlantic Discoveries*, Max Guedes e Geraldo Lombardi, (org.), Lisbon/Milan/N. York, Bertrand Editora/Franco Maria Ricci/Brazilian Cultural Foundation, 1990, pp. 23-63; Milton Vargas, "A Ciência do Renascimento e a Navegação Portu-

gador e Guerreiro – exprime a identidade e os propósitos de Portugal, oriundos das grandes navegações, que estão na origem do Brasil. Exprime os intuitos de dilatar a Fé e o Império (I,2), promover o comércio (VII,62), inclusive o do pau-brasil, primeira atividade econômica exportadora do novo país, devidamente nomeado pelo Poeta (X,40) que tem em uma das mãos a espada (da conquista) e na outra a pena (da cultura) (VII,79).

O saber de experiências feito, valorizado por Camões (IV,94), propiciou-lhe, como aponta Gilberto Freyre, um olhar antropológico, atento ao diferente das culturas, da flora e da fauna e aberto à atração das mulheres não européias[6]. Esta atração, nos seus desdobramentos coletivos, é um dos componentes de miscigenação, que veio a configurar o povo do Brasil; e o olhar lusitano aberto ao diferente é um dado-chave da ocupação do que veio a ser o nosso território.

Com efeito, segundo Sérgio Buarque de Holanda, para poder percorrer os caminhos – o convite ao movimento que instigou os bandeirantes paulistas, num processo que alargou as fronteiras da presença portuguesa na América do Sul –, era preciso lidar com a sua realidade. No trato com a realidade sul-americana, a ação colonizadora realizou-se por uma contínua adaptação ao meio ambiente, numa flexibilidade aberta a padrões primitivos e rudes dos indígenas, para só depois e aos poucos, com base na experiência, implantar formas de vida trazidas da Europa.

guesa", *Revista Brasileira de Filosofia*, vol. XLIV, fasc. 190 (abr./mai./jun.) 1998, pp. 141-154.

6. Gilberto Freyre, *Camões: Vocação de Antropólogo Moderno?*, São Paulo, Conselho da Comunidade Portuguesa do Estado de São Paulo, 1984.

Esta flexibilidade no trato de um continente desconhecido, que tornou exeqüível a "atração pelo sertão" e impeliu as bandeiras, explica igualmente a especificidade das "monções", que estão na base da ocupação do Oeste. E foram esses movimentos pelo território que levaram à "fronteira conquistada" do Rio Amazonas, assim como impulsionaram a busca da "fronteira desejada" do Rio da Prata[7].

Nestes movimentos teve um papel decisivo a ação local e a cobiça que a instigava, mas também esteve presente o papel diretivo da Coroa Portuguesa. Este foi realçado por Jaime Cortesão na sua análise da atuação de Raposo Tavares na formação territorial do Brasil, com destaque para a sua grande e última bandeira de limites. A empreitada de Raposo Tavares reitera em terra, no século XVII, a aventura no mar dos séculos XV e XVI. No dizer do Pe. Antonio Vieira, em carta de 1654, citada por Jaime Cortesão, comporta comparação com os feitos fabulosos dos argonautas e é um exemplo da constância e valor, deslustrado no entanto pela violência dos homicídios e latrocínios em relação aos índios, faceta sombria das bandeiras que não se pode ignorar[8].

Os caminhos e o alargamento das fronteiras dos domínios portugueses na América do Sul dão um dos sentidos da história do Brasil, que é, no entender de José

7. Sérgio Buarque de Holanda, *Caminhos e Fronteiras*, Rio de Janeiro, José Olympio, 1957; *Monções*, São Paulo, Brasiliense, 1990; *O Extremo Oeste*, São Paulo, Brasiliense, 1986; Ilana Blaj, "Sérgio Buarque de Holanda: Historiador da Cultura Material", em Antonio Candido (org.), *Sérgio Buarque de Holanda e o Brasil*, São Paulo, Editora Perseu Abramo, 1998, pp. 29-48; Synésio Sampaio Góes Filho, *Navegantes, Bandeirantes, Diplomatas*, pp. 89-159.

8. Jaime Cortesão, *Raposo Tavares e a Formação Territorial do Brasil*, Rio de Janeiro, MEC – Serviço de Documentação, 1958, pp. 379-380, 439-449.

Honório Rodrigues, o do descobrimento, conquista, ocupação efetiva e integração do espaço nacional[9].

Este sentido da história do Brasil obteve confirmação e reconhecimento através da ação dos diplomatas, que assim complementaram a ação dos navegantes e dos bandeirantes na delimitação do espaço nacional durante e depois do período colonial. De 1580 a 1640, a época filipina do Brasil, que resultou da união da Espanha e de Portugal numa monarquia dual, a expansão do território foi politicamente facilitada, pois não havia problemas diplomáticos a instigar a diferenciação entre possessões portuguesas e espanholas[10]. Subseqüentemente, merecem registro, em primeiro lugar, as negociações que ocorreram de 1641 a 1699 entre Portugal e Holanda, objeto de estudo recente e de superior qualidade por parte de Evaldo Cabral de Mello. Por meio delas, Portugal recriou diplomaticamente o monolitismo do seu domínio na América do Sul, quebrado por um quarto de século em função da presença holandesa em Pernambuco, durante a época filipina. Este é um dado da política externa que teve grande importância e veio a ser no futuro um dos fatores da unidade territorial do Brasil[11].

No século XVIII, merece destaque o Tratado de Madri, celebrado em 1750 entre a Coroa Portuguesa e a

9. José Honório Rodrigues, *História Combatente*, Rio de Janeiro, Nova Fronteira, 1982, pp. 94-101; Demétrio Magnoli, *O Corpo da Pátria – Imaginação Geográfica e Política Externa no Brasil*, São Paulo, UNESP/Moderna, 1997, caps. I, II e VI.

10. Sobre a realidade histórica do Brasil no período filipino cf. Roseli Santaella Stella, *O Domínio Espanhol no Brasil Durante a Monarquia dos Filipes 1580-1640*, São Paulo, Unibero, 2000, e o importante prefácio de Luiz Felipe de Seixas Corrêa.

11. Evaldo Cabral de Mello, *O Negócio do Brasil, Portugal, os Países Baixos e o Nordeste*, 2ª ed., Rio de Janeiro, Top Books, 1998, p. 14.

Espanhola, que fixou pela primeira vez os limites das respectivas possessões na América. Este Tratado representa o marco inicial da ação diplomática voltado para a configuração jurídica do território brasileiro. Negociado pela parte portuguesa por Alexandre de Gusmão, nascido em Santos, no Brasil, seu significado está na renúncia a linhas imaginárias de demarcação, como explicou o Barão do Rio Branco em 1894, ao discutir a questão dos limites entre o Brasil e a Argentina, submetida com sucesso à decisão arbitral do Presidente Cleveland dos EUA[12]. Com efeito, o Tratado foi concebido em torno de dois objetivos concretos, assim expressos na linguagem direta do seu preâmbulo:

O primeiro e mais principal é, que se assinalem os Limites dos dois Domínios, tomando por balizas as paragens mais conhecidas, para que em nenhum tempo se confundam, nem dêem ocasião a disputas, como são a origem, e curso dos rios, e os montes mais notáveis: O segundo, que cada parte há de ficar com o que atualmente possui, à exceção das mútuas cessões, que em seu lugar se dirão; as quais se farão por conveniência comum, e para que os Confins fiquem, quanto for possível, menos sujeitos a controvérsias[13].

O Tratado de Madri representou juridicamente a superação do Tratado de Tordesilhas e consagrou de maneira criativa duas regras básicas para delimitar as imensas áreas coloniais do centro da América do Sul: o reconhecimento da ocupação, que os juristas passaram a

12. Rio Branco, *Exposição que os Estados Unidos do Brasil Apresentam ao Presidente dos Estados Unidos da América como Árbitro, Segundo as Estipulações do Tratado de 7 de Setembro de 1889, Concluído entre o Brasil e a República Argentina*, vol. II, *Exposição* (The Original Statement), New York, 1984, p. 24.
13. O texto está reproduzido em Jaime Cortesão, *Alexandre de Gusmão e o Tratado de Madrid Parte I, tomo II*, Rio de Janeiro, Ministério das Relações Exteriores/Instituto Rio Branco, 1956, p. 365.

qualificar de *uti possidetis*, e a procura de fronteiras naturais. Em função da utilização dessas duas regras nas posições defendidas no Império e na República em disputas territoriais, A. G. de Araújo Jorge qualificou Alexandre de Gusmão como o avô dos diplomatas brasileiros[14].

Esta qualificação tem a maior procedência, uma vez que a herança portuguesa do Tratado de Madri estabeleceu uma linha de continuidade que o Brasil Independente subseqüentemente explorou, para transformar "a idéia de *limite* da era colonial na idéia de *fronteira,* base da vizinhança, da cooperação e paz", nas palavras de Oswaldo Aranha[15], e assim encaminhar o primeiro item de qualquer agenda diplomática, que é o da fixação das fronteiras, base da especificidade da política externa que pressupõe uma diferença entre o "interno" (o espaço nacional) e o "externo" (o mundo).

Território é um dos componentes de um estado-nação no plano internacional. Governo é outro. A criação de um governo soberano no Brasil, em 1822, diferencia o nosso processo de independência de todos os demais países das Américas naquilo que foi a primeira leva da descolonização. O processo da Independência do Brasil é, de fato, único, como realçou recentemente Kenneth Maxwell. Representou no dizer de Maria Odila Silva Dias, a "interiorização da metrópole"[16].

14. A. G. de Araújo Jorge, *Ensaios da História e Crítica*, Rio de Janeiro, Ministério das Relações Exteriores, 1948, pp. 105-142.

15. Oswaldo Aranha, "Limite, Fronteira e Paz" (Conferência Pronunciada na Universidade de Bucknell, Pensilvânia, em 8 de julho de 1937) em Oswaldo Aranha, *1894-1960 – Discursos e Conferências*, Brasília, Fundação Alexandre de Gusmão, 1994, p. 21.

16. Kenneth Maxwell, "Porque o Brasil Foi Diferente? O Contexto da Independência", em Carlos Guilherme Mota (org.), *Viagem Incompleta, A Experiência Brasileira (1500-2000) Formação: Histórias*, São Paulo, Ed. Senac São Paulo, 2000, pp. 179-195; Maria

Com efeito, a ruptura que se insere no processo mais amplo, político e econômico, da desagregação do sistema colonial, se dá com importantes componentes de continuidade em relação a Portugal, singularizando o ingresso do Brasil no concerto das Nações. Como é sabido, em 1808 a Corte Portuguesa, com o apoio da Grã-Bretanha, lidou com o expansionismo das tropas napoleônicas na Península Ibérica transplantando-se para o Brasil – projeto que não era novo em Portugal. A presença aqui do Príncipe Regente D. João, que se estende até 1821, trasladou a metrópole para a colônia, cabendo registrar que em 1815, por sugestão do Congresso de Viena, do qual Portugal participou, o Brasil foi elevado à categoria de Reino-Unido aos de Portugal e Algarves. Em 1822, a Independência foi proclamada pelo filho do já então rei D. João VI, o príncipe herdeiro D. Pedro, que ficara no Brasil como regente, finalizando-se com apoio inglês o reconhecimento internacional do novo império pelo tratado de 1825, celebrado entre pai e filho[17]. Este é um dado político que ajuda a explicar porque o relacionamento entre Portugal e o Brasil, desde a Independência, não é propriamente o de uma ex-metrópole e uma ex-colônia, como freqüentemente aconteceu entre a Espanha e as suas antigas possessões nas Américas.

Odila Silva Dias, "A Interiorização da Metrópole (1808-1853)" em Carlos Guilherme Mota (org.), *1822 – Dimensões*, São Paulo, Perspectiva, 1972, pp. 160-184; Oliveira Lima, *D. João VI no Brasil 1808-1821*, 2ª ed., 3 vols, Rio de Janeiro, José Olympio, 1945.

17. Os textos da Carta da Lei elevando o Brasil à Categoria de Reino (16 de dezembro de 1815) e o Tratado de Paz e Aliança entre o Senhor D. Pedro I, Imperador do Brasil e D. João VI, Rei de Portugal, de 29 de agosto de 1825 estão reproduzidos em *Textos de Direito Internacional e da História Diplomática* de 1815 a 1949, coligidos e anotados por Rubens Ferreira de Mello, Rio de Janeiro, A. Coelho Branco, 1950, pp. 15-17, 24-27; Hélio Vianna, *História*

Em 1822, o que estava em jogo com a afirmação de uma nova soberania era a integridade territorial e a estabilidade da monarquia. Foi neste contexto que o Império criou um estado nacional efetivo e logrou manter o Brasil unido no âmbito do seu vasto território, dois dos grandes objetivos dos seus construtores.

Pimenta Bueno, o consolidador constitucional do Império e cuja exegese da Constituição de 1824 contribuiu, no dizer de Miguel Reale, para o aperfeiçoamento da consciência imperial que inspirou os estadistas do Segundo Reinado[18], explicita com clareza estes dois objetivos. Realça, compreensivelmente para um país novo, na sua análise do artigo 1º, a importância da manutenção de uma "existência nacional livre e soberana" e afirma que o território do Império é "a sua mais valiosa propriedade", sublinhando que a sua integridade e indivisibilidade é "não só um direito fundamental, mas um dogma político". Discute o poder moderador – competência constitucional inspirada pelas idéias de Benjamin Constant – contemplado na Constituição de 1824, como delegação à Coroa (art. 98). Nele vê uma faculdade, voltada para fazer com que os diversos poderes políticos se conservem no seu âmbito, concorrendo harmoniosamente para o bem-es-

---

da República/História Diplomática do Brasil, 2ª ed., São Paulo, Melhoramentos, s/d., pp. 164-173; Amado Luiz Cervo, em Amado Luiz Cervo e José Calvet de Magalhães, *Depois das Caravelas. As Relações entre Portugal e o Brasil 1808-2000* (org. e apresent. Dário Moreira de Castro Alves), Lisboa, Ministério de Negócios Estrangeiros/Instituto Camões, 2000, pp. 53-102. O significado da vinda de D. João VI para o Brasil no processo do desenvolvimento político do Brasil está muito bem explicitado por Hélio Jaguaribe em *Desenvolvimento Econômico e Desenvolvimento Político,* 2ª ed., Rio de Janeiro, Paz e Terra, 1969, pp. 141-149.

18. Miguel Reale, *Figuras da Inteligência Brasileira,* 2ª ed., São Paulo, Siciliano, 1994, p. 50.

tar nacional e, para isso, impedindo os seus abusos e mantendo o seu equilíbrio. É, em síntese, "o órgão político mais ativo e mais influente, de todas as instituições fundamentais da nação"[19].

O abrasileirado exercício, por D. Pedro II, do Poder Moderador, como o órgão político mais ativo da nação, é um dos dados chave para entender-se o funcionamento da ordem criada pela monarquia constitucional. Um dos seus aspectos mais importantes é a centralização política e administrativa. "Sem a centralização não haveria Império" como dizia o Visconde do Uruguai, que lembrava neste contexto, refletindo sobre as realidades do Brasil no século XIX: "Sem a centralização como ligar o Sul e o Norte do Império, quando tantas dessemelhanças se dão nos climas, territórios, espírito, interesses, comércio, produtos e estado social?"[20]

O debate sobre os aspectos positivos e negativos da centralização e sobre as possibilidades do federalismo, que acabou se afirmando com a República, foi um dos itens importantes da agenda política brasileira do século XIX. Na verdade, como afirma José Murilo de Carvalho, este item é parte de uma sociologia da sociedade nacional[21] e por isso mesmo, em novos termos, estende-se até

19. J. A. Pimenta Bueno, *Direito Público Brasileiro e Análise da Constituição do Império*, Rio de Janeiro, Ministério da Justiça e Negócios Interiores/Serviço de Documentação, 1958, pp. 20-21.

20. Visconde do Uruguai, *Ensaio sobre o Direito Administrativo*, Brasília, Ministério da Justiça/Série Arquivos do Ministério da Justiça, 1997, pp. 355-356.

21. José Murilo de Carvalho, *Pontos e Bordados – Escritos da História e Política*, Belo Horizonte, Editora UFMG, 1999, pp. 155-188; cf. também, Afonso Arinos de Melo Franco, *O Som do Outro Sino, Um Breviário Liberal*, Rio de Janeiro, Civilização Brasileira, 1978, pp. 146-171.

os nossos dias. Para os propósitos deste livro, no entanto, o que importa realçar é a importância do papel do Império na elaboração da identidade e da inserção internacional do Brasil[22].

A Monarquia foi a base da identidade internacional *sui generis* do Brasil no século XIX, no âmbito das Américas: um Império em meio a Repúblicas; uma grande massa territorial de fala portuguesa que permaneceu unida num mundo hispânico que se fragmentava, tendo no Hemisfério Norte os Estados Unidos da América expandindo-se territorialmente. Por isso, no século XIX, em função de nossa inserção na América do Sul, ser brasileiro era ser não-hispânico. Neste sentido, o Brasil recria em escala continental a singularidade lingüística e sociológica que, na Europa e na Península Ibérica, caraterizaram historicamente Portugal.

Foi a República, instaurada em 1889, que sublinhou o dado geográfico da inserção do Brasil nas Américas. Dizia neste sentido o Manifesto Republicano de 1870: "Somos da América e queremos ser americanos"[23]. É por este motivo que o advento da República trouxe, como

22. Cf. Arno Wehling, *A Invenção da História – Estudos sobre o Historicismo*, Rio de Janeiro, Universidade Gama Filho/Editora da Universidade Federal Fluminense, 1994, cap. 9; Arno Wehling, *Estado, História, Memória: Varnhagen e a Construção da Identidade Internacional*, Rio de Janeiro, Nova Fronteira, 1999; José Murilo de Carvalho, *A Construção da Ordem – A Elite Política Imperial*, Rio de Janeiro, Campus, 1980; Demétrio Magnoli, *O Corpo da Pátria*, cap. III; Carlos Guilherme Mota, "Idéias de Brasil: Formação e Problemas (1817-1850)" em Carlos Guilherme Mota (org.), *Viagem Incompleta. A Experiência Brasileira (1500-2000)*, *Formação: Histórias*, pp. 199-238.

23. Reynaldo Carneiro Pessoa (org.), *A Idéia Republicana no Brasil Através dos Documentos*, São Paulo, Alfa-Omega, 1973, p. 60.

mostrou Clodoaldo Bueno, a "americanização" das relações exteriores. Esta "americanização" tinha como um dos seus objetivos desfazer a percepção de que o Brasil era o "diferente" da América em função das suas instituições monárquicas e do que isto significava, política e economicamente, em matéria de ligações com o Concerto Europeu[24].

O "ser diferente" tinha suas vantagens. Lembra neste sentido Euclides da Cunha em *Contrastes e Confrontos*: "A República tirou-nos do remanso isolador do Império para a perigosa solidariedade sul-americana". Esta para ele era perigosa porque nos prendia às desordens tradicionais dos povos e das repúblicas da América Espanhola. Mas ao mesmo tempo Euclides reconhecia a importância da fraternidade republicana, como "a garantia suprema e talvez única de toda a raça latina diante da concorrência formidável de outros povos"[25]. É neste sentido que surge, com a República, a percepção de que ser brasileiro era também ser latino-americano. Para esta percepção contribuiu também muito, na dialética diplomática da História do "eu" e do "outro", a crescente afirmação internacional do "destino-manifesto" dos EUA que levou diplomatas de peso e intelectuais, como Oliveira Lima, José Veríssimo e Manuel Bonfim, a apontar o que temos em comum com *"nuestra América"*[26].

24. Clodoaldo Bueno, *A República e sua Política Exterior (1889 a 1902)*, São Paulo, Brasília, Editora da UNESP/Fundação Alexandre de Gusmão, 1995.

25. Euclides da Cunha, *Contrastes e Confrontos* em *Obra Completa*, vol.1, Rio de Janeiro, Aguilar, 1966, pp. 166-169.

26. Antonio Candido, *Ensayos y Comentários,* São Paulo, Editora da UNICAMP/Fondo de Cultura Económica de México, 1995, pp. 319-353; Oliveira Lima, *Pan Americanismo (Monroe, Bolívar, Roosevelt)*, 2ª ed., Brasília-Rio de Janeiro, Senado Federal, Casa de

Território e governo só têm significado, num estado-nação, em função de seu povo. José Bonifácio, o Patriarca da Independência, cientista de nomeada e representante da "Ilustração" européia, que se formou e viveu na Europa, tendo participado da administração pública portuguesa antes de voltar ao Brasil, inaugurou a linhagem dos intelectuais brasileiros que pensaram e propuseram projetos políticos para a conformação do futuro país. É dele a metáfora, típica do experiente metalurgista que era, segundo a qual o povo brasileiro deveria resultar de uma nova liga que amalgamasse, em um corpo sólido e político, o metal heterogêneo de brancos, índios e mulatos, pretos livres e escravos que constituíam a população do Brasil no início do século XIX. Como reformista ilustrado, atribuía ao legislador sábio e prudente a função do escultor que de pedaços de pedra faz estátuas. Por isso, com inspiração radical, propôs a integração do indígena, o fim da escravidão e do tráfico de escravos, e a reforma agrária, uma vez que para ele "a pátria não é mãe que devora parte dos filhos para facilitar outro exclusivamente, pelo contrário"[27].

Neste ingresso no século XXI estamos longe de ter equacionado o tema da exclusão, que era parte constitutiva do projeto político de José Bonifácio. Para isso contribuiu o fato de só ter sido extinto em 1850, pela ação legislativa e política do Império, o tráfico marítimo de

---

Ruy Barbosa, 1980; José Veríssimo, *Cultura, Literatura e Política na América Latina*, seleção e apresentação de João Alexandre Barbosa, São Paulo, Brasiliense, 1986; Manuel Bonfim, *A América Latina – Males de Origem,* 2ª ed., Rio de Janeiro, A Noite, s/d.

27. José Bonifácio de Andrada e Silva, *Projetos para o Brasil*, organização de Miriam Dolhnikoff, São Paulo, Companhia das Letras, 1998, pp. 31, 156, 170.

escravos africanos para o Brasil. Igualmente, a abolição da escravidão, que José Bonifácio também tinha advogado em 1823 no seu projeto à Assembléia Geral Constituinte, só ocorreu em 1888, o que fez do regime servil uma das grandes iniqüidades que no século XIX permeou a construção da nacionalidade. Aliás, enquanto perdurou, o tráfico acarretou problemas diplomáticos para o Brasil. Com efeito, a Grã-Bretanha, através de sua esquadra, ao dedicar-se à sua repressão (o que seus executores hoje qualificariam de "intervenção de humanidade"), esbarrou nas suscetibilidades soberanas do Império, suscitando dificuldades nas relações bilaterais entre dois países[28].

Se é certo que a exclusão social é um problema pendente e recorrente na agenda do Brasil, também é certo que ocorreu o amálgama definido por José Bonifácio. O Brasil, como apontou Darcy Ribeiro, é uma confluência de variadas matrizes raciais e distintas tradições culturais que, na América do Sul, sob a regência dos portugueses, deu lugar a um povo novo. Este não é propriamente um povo transplantado, que tenta reconstruir a Europa em novas paragens. Ele contrasta com os povos-testemunha do México e do altiplano andino – herdeiros das grandes civilizações pré-colombianas – que vivem na carne e no espírito o drama da dualidade cultural e o problema/dilema da integração à cultura ocidental. É um novo mutante, com características próprias, mas inequivoca-

28. Cf. Joaquim Nabuco, *O Abolicionismo – Discursos e Conferências Abolicionistas*, São Paulo, Instituto Progresso Editorial, 1949; *Um Estadista do Império*, 5ª ed., Rio de Janeiro, Topbooks, 1997, vol. I, Livro II, cap. V; Carlos Delgado de Carvalho, *História Diplomática do Brasil* (ed. fac-similar da 1ª edição de 1959), introd. de Paulo Roberto de Almeida, apresent. de Rubens Ricupero, Brasília, Senado Federal, 1998, cap. 6, pp. 105-116.

mente atado à matriz lusitana, em função da unidade da língua no vasto espaço nacional[29].

Este povo novo se exprime através da cultura brasileira, que se europeizou nos momentos decisivos da formação de uma literatura nos séculos XVIII e XIX. Esta constituiu-se num sistema, como ensina Antonio Candido, através da interação de autores, público e obras, num processo nacional de adensamento de referência mútua[30]. Este processo consolidou-se no tempo e adquiriu capilaridade social através do código da língua, das crenças e dos comportamentos. Neste processo cabe realçar, como fez Barbosa Lima Sobrinho, o papel da língua portuguesa para a unidade do Brasil[31].

A herança ocidental lusitana teve o seu repertório enriquecido e modulado pelos componentes não-europeus históricos do Brasil – os índios e os africanos. A esta matriz cultural e demográfica se agregaram, pela fluidez das correntes imigratórias nos séculos XIX e XX, outros componentes europeus (por exemplo: italianos, espanhóis, alemães, eslavos) e não-europeus (por exemplo: árabes e japoneses). Daí, apesar do persistente dilema da exclusão social, o Brasil permanece um país no pluralismo de sua escala continental e de sua composição multiétnica, lingüisticamente homogêneo, propen-

---

29. Darcy Ribeiro, *O Povo Brasileiro – A Formação e o Sentido do Brasil*, São Paulo, Companhia das Letras, 1995, pp. 19-22, 441-449.

30. Antonio Candido, *Formação da Literatura Brasileira (Momentos Decisivos)*, 2 vols., São Paulo, Martins, 1959; Roberto Schwarz, *Seqüências Brasileiras*, São Paulo, Companhia das Letras, 1999, pp. 46-58.

31. Barbosa Lima Sobrinho, *A Língua Portuguesa e a Unidade do Brasil,* 2ª ed., apresentação de Leodegário A. de Azevedo Filho, Rio de Janeiro, Nova Fronteira, 2000.

so à integração cultural e razoavelmente aberto ao sincretismo da diversidade. Por isso é, para valer-me de uma formulação de José Guilherme Merquior, um *Outro Ocidente*, mais pobre, mais enigmático, mais problemático, mas não menos Ocidente[32].

Estes dados da realidade brasileira e a sua elaboração reflexiva têm projeção externa e são componentes da identidade internacional do Brasil. O povo novo, fruto da primeira leva da descolonização, levou a afinidades que fizeram o Brasil, na ONU, a partir de 1953, com maior precisão em 1960 e com inequívoca assertividade em 1961 e 1962, sustentar a liquidação do colonialismo. Dizia em 1961, na Assembléia Geral, o Chanceler Afonso Arinos:

O movimento de libertação dos antigos povos coloniais não retrocederá. O Brasil, antiga colônia, está construindo uma nova civilização, em território largamente tropical, habitado por homens de todas as raças. Seu destino lhe impõe, assim, uma conduta firmemente anticolonialista e anti-racista"[33].

32. José Guilherme Merquior, "El Otro Occidente", em Felipe Arocena e Eduardo de León (org.), *El Complejo de Prospero – Ensayos sobre Cultura, Modernidad y Modernización en America Latina*, Montevideo, Vintén Editora (1993), pp. 109-110. Sobre a dimensão da complexidade inerente ao tema do povo brasileiro, ver João Baptista Borges Pereira, "Os Imigrantes na Construção Histórica da Pluralidade Étnica Brasileira" e Francisco J. Calazans Falcon, "O Povo Brasileiro: Ensaio Historiográfico", ambos em *Revista USP*, 46 (jun./jul./ago.), 2000, dossiê "Depois de Cabral: A Formação do Brasil", respectivamente pp. 6-29 e 30-41.

33. *A Palavra do Brasil nas Nações Unidas – 1946 -1995*, org. Luiz Felipe de Seixas Corrêa, Brasília, FUNAG, 1995 – Discurso do Ministro Afonso Arinos de Mello Franco, na XVI sessão ordinária da A. G. (22 set. 1961), p. 144. Cf. Celso Lafer, "Relações Brasil-África", *Encontro Brasil-África – Anticomemoração da Abolição – Revista do PMDB* (12 nov. 1988), pp. 59-65.

Em 1963, o Chanceler Araújo Castro, também na ONU, em seu famoso discurso dos três "D" – descolonização, desenvolvimento, desarmamento – acrescenta as razões econômicas que sustentavam igualmente a erradicação do arcaísmo histórico e sociológico do colonialismo. Trata-se de "processo que representa medida de alto interesse defensivo das economias de todas as antigas colônias, quaisquer que sejam as fases de sua libertação política e quaisquer que sejam os continentes em que se localizam"[34].

A dimensão econômica do anticolonialismo, mencionada por Araújo Castro, é parte integrante do conceito de Terceiro Mundo. Este conceito, como é sabido, adquiriu densidade com a descolonização e consistência política quando, no sistema internacional, a clivagem Norte/Sul encontrou espaço nas brechas da bipolaridade Leste/Oeste. No âmbito do Terceiro Mundo, no entanto, cabe destacar que o Brasil singularizou a sua posição em função do elemento "Outro Ocidente" de sua identidade. Observava assim, na época, o Chanceler Saraiva Guerreiro, que o Brasil é um país de contrastes, com múltiplas dimensões. Por isso participa naturalmente de numerosas esferas do convívio internacional. É um país ocidental no campo dos valores, em função da sua formação histórica, realidade que não excluía a sua inserção entre os países do Terceiro Mundo, com os quais tinha posições afins no quadro das ações específicas voltadas para o desenvolvimento, que respondiam ao interesse nacional. Como se vê, a idéia da "dupla inserção" representa a especifi-

---

34. *A Palavra do Brasil nas Nações Unidas – 1946-1995*, cit. Discurso do Ministro João Augusto de Araújo Castro na XVIII sessão ordinária da A. G. (19 set. 1963), p. 174.

cidade brasileira de um Outro Ocidente. É uma especificidade compartilhada com boa parte da América Latina no âmbito do Terceiro Mundo, que também abrange, na sua diversidade, países africanos e asiáticos, cujas matrizes culturais e demográficas têm características muito diferentes das nossas[35]. Por isso o Brasil integrou e integra o Grupo dos 77, que exprime a dimensão da pobreza e dos problemas econômicos do Terceiro Mundo, mas sempre foi, mesmo no auge da capacidade de influência política internacional dos países em desenvolvimento, apenas um observador do Movimento Não-Alinhado.

Como país de escala continental, que foi construindo no século XIX uma identidade que, como vimos, se projeta no século XX à luz do tema da "dupla inserção" de um "Outro Ocidente", o Brasil, em seu primeiro momento no Concerto das Nações, pôde dedicar-se, por estar distante das tensões internacionais, ao que Luiz Felipe de Seixas Corrêa qualifica de "busca da consolidação do espaço nacional"[36]. Esta busca corresponde a um dos sentidos da história do Brasil e foi o primeiro vetor da política externa brasileira – vetor que prevaleceu no período monárquico e se estendeu, na República, até Rio Branco. O tema básico é a ocupação efetiva do território, a sua defesa, em especial na vertente platina dentro da qual se insere a Guerra do Paraguai. Este período culmina com a

---

35. Ramiro Saraiva Guerreiro, *O Itamaraty e o Congresso Nacional*, Brasília, Senado Federal/MRE, 1985, exposição na Câmara dos Deputados, na Abertura do Simpósio o "Brasil na Antártida" em 23-8-83, pp. 169-171; Celso Lafer, *O Brasil e a Crise Mundial*, São Paulo, Perspectiva, 1984, cap. 5 – "O Brasil entre o Ocidente e o Terceiro Mundo", pp. 121-128.

36. Luiz Felipe de Seixas Corrêa, "Política Externa e Identidade Nacional Brasileira", *loc. cit,* p. 28.

obra de Rio Branco que, com sua ação, equacionou a configuração definitiva das nossas fronteiras[37].

A fixação de fronteiras é sempre um problema-chave para a política exterior de qualquer país. Rússia, China e Índia, que são como o Brasil países de escala continental, têm até hoje dificuldades a respeito e, por conta disso, guerrearam e foram guerreados no correr de sua história. Os Estados Unidos têm apenas dois vizinhos – o Canadá e o México – e seguindo o seu "destino-manifesto" alargaram no século XIX os seus limites a expensas do vizinho do sul. Não é preciso recordar quantos conflitos bélicos de fronteiras caracterizam, por exemplo, a história diplomática da França ou da Alemanha. O Canadá só tem um vizinho e a Austrália é um país continental que não os possui. Ora, o Brasil tem dez, (no mundo só Rússia e China os têm em maior número) e foi o Barão do Rio Branco que, pela sua ação, fixou-lhe pacificamente o mapa, primeiro como seu representante e advogado em arbitragens internacionais (Argentina,1895; França – Guiana Francesa, 1900) e, depois, de 1902 a 1912, como Ministro das Relações Exteriores em negociações de tratados de limites com países vizinhos (Bolívia, Tratado de Petrópolis, 1903; Peru, 1904/1909; Grã-Bretanha – Guiana Inglesa, aceitação do laudo arbitral de 1904; Venezuela – 1905; Holanda – Guiana Holandesa, 1906; Colômbia, 1907 e Uruguai, Tratado retificatório de 1909).

A envergadura da obra diplomática de Rio Branco é indiscutível. Como avalia Rubens Ricupero, é difícil

---

37. A. G. de Araújo Jorge, *Introdução às Obras do Barão do Rio Branco*, Rio de Janeiro, Ministério das Relações Exteriores, 1945; João Hermes Pereira de Araújo, "O Barão do Rio Branco", *Três Ensaios sobre Diplomacia Brasileira*, Brasília, Ministério das Relações

encontrar, na história das relações internacionais, um desempenho negociador e um padrão exclusivamente pacífico, próximo do brasileiro, na fixação de fronteiras nacionais. Este desempenho se caracterizou pela "concentração metódica sistemática, de todos os recursos diplomáticos e do uso legítimo, não violento, do poder, sem chegar ao conflito militar, para a solução com êxito do conjunto dos problemas fronteiriços"[38].

O ponto culminante, revelador da qualidade deste desempenho diplomático, foi a questão do Acre, a mais complexa, solucionada por Rio Branco mediante uma negociação que consistiu em permuta de territórios e pagamento de compensação. Este litígio, como lembra também Ricupero, tinha como atores no contexto da vizinhança, além do governo da Bolívia, o do Peru, com suas pretensões na região, e até um ator transnacional, o *Bolivian Syndicate*. Este buscou mobilizar os governos dos países de origem de seus acionistas, em especial os Estados Unidos e a Grã-Bretanha, para salvaguardar seus interesses na exploração da borracha. Neste contexto, História e Direito não eram, como nas outras questões de limites, meios suficientes de ação. Foi por isso que, no encaminhamento da questão, o Barão soube dosar o uso legítimo da força ao confirmar a decisão do governo de Campos Salles de proibir a livre navegação do Amazonas em direção ao Acre. Enfrentou assim os protestos da Grã-Bretanha, da França, da Alemanha e dos Estados Unidos, e tornou a concessão do *Bolivian Syndicate* sem valor

---

Exteriores, 1989, pp. 91-154; Demétrio Magnoli, *O Corpo da Pátria*, cap. VI.

38. Rubens Ricupero, em *Barão do Rio Branco – Uma Biografia Fotográfica – 1845-1995*, Brasília, Fundação Alexandre de Gusmão, 1995, p. 83.

efetivo, propondo no entanto com habilidade aos seus acionistas uma indenização através do Departamento de Estado norte-americano. Pôde assim, evitando igualmente por meios diplomáticos os riscos de uma negociação conjunta com o Peru, tratar em separado com o governo da Bolívia o problema da crescente população brasileira no território em relação ao qual os títulos jurídicos do Brasil eram mais frágeis do que nas outras questões de limites. Na negociação com o governo boliviano, Rio Branco também mesclou poder e transigência, o que permitiu a solução consagrada pelo Tratado de Petrópolis, que contemplou, como mencionado, permuta de território, compensação financeira e o compromisso brasileiro de construir a estrada de ferro Madeira-Mamoré[39].

O Barão do Rio Branco, atuando no Brasil Republicano, foi o último grande representante da obra dos eminentes estadistas e diplomatas do Império, em especial o Visconde do Rio Branco, seu pai, com o qual se identificava e de quem se considerava continuador no campo da política externa. Os seus excepcionais conhecimentos de História e Geografia eram recursos intelectuais muito pertinentes para os problemas que deslindou. Ele os colocou a serviço de sua política, pois, como apontou Álvaro Lins: "Do estilo de Rio Branco não se podia dizer que fosse literário ou artístico, mas um estilo de ação". O que o caracteriza é "decisão, propriedade, justeza e espírito de síntese". A sua linguagem "era o próprio pensamento em ação" e as suas obras escritas, "não são propriamente livros mas *atos*. Atos foram as suas "memórias", as suas *Exposições de Motivos*, os seus discursos, os seus artigos, os seus documentos diplomáticos. Um

39. Rubens Ricupero, *Rio Branco. O Brasil no Mundo*, Rio de Janeiro, Contraponto/Petrobrás, 2000, pp. 28-31.

estilo da ação a exprimir uma figura de homem de Estado"[40].

Rio Branco, pelas suas características de homem de Estado, é um elo de continuidade e ao mesmo tempo uma expressão do potencial de mudança, importante para a compreensão da identidade internacional do Brasil. De fato, ao equacionar com *virtù* e *fortuna* o problema das fronteiras, consolidando juridicamente a escala continental do país, ele permitiu que seus sucessores pudessem dedicar-se ao vetor da diplomacia brasileira que, prolongando-se até hoje, passou a ser, com as modulações da conjuntura interna e internacional, a nota singularizadora da política externa do Brasil: a do "desenvolvimento do espaço nacional", para valer-me da formulação de Luiz Felipe de Seixas Corrêa[41].

Além de ter, por meios pacíficos, legado ao Brasil o seu mapa de país de escala continental, Rio Branco foi o grande *institution-builder* do Itamaraty – que até hoje se vale e se beneficia, na construção de sua autoridade, da aura do Barão como uma grande figura brasileira[42]. Observe-se que é raro ver na história dos países um diplomata ser consagrado como herói nacional. No caso de Rio Branco, isto se deve ao reconhecimento generalizado da importância do seu legado e a pertinência da sua "idéia" de Brasil. Esta "idéia", no plano externo era, como aponta Rubens Ricupero, a de um país "fiel aos compromissos jurídicos, cioso da defesa de direitos herdados,

40. Álvaro Lins, *Rio Branco,* 3ª ed., São Paulo, Alfa Omega, 1966, p. 408.

41. Luiz Felipe de Seixas Corrêa, "Política Externa e Identidade Nacional", *loc. cit.,* p. 28.

42. Cf. Cristina Patriota de Moura, "Herança e Metamorfose: a Construção Social de Dois Rio Branco", *Estudos Históricos*, vol. 14, n. 25, 2000, pp. 81-101.

mas com moderação e equilíbrio, disposto a transigir, sem intentos agressivos ou de interferência em relação a vizinhos" e que, na sua visão do cenário internacional, soube se situar a meio caminho – que era o bom caminho para o Brasil – entre o juridicismo radical irrealista, que caracterizou muitos dos seus contemporâneos latino-americanos, e a pura política do poder de Teddy Roosevelt[43].

Por esta razão, Rio Branco é, no meu entender, o inspirador do estilo de comportamento diplomático que caracteriza o Brasil, à luz de suas circunstâncias e de sua história. Este estilo configura-se por uma moderação construtiva, que, segundo Gelson Fonseca Jr., se expressa na capacidade "de desdramatizar a agenda da política externa, ou seja, de reduzir os conflitos, crises e dificuldades ao leito diplomático"[44]. Esta moderação construtiva está permeada por uma leitura grociana da realidade internacional, nela podendo identificar-se um ingrediente positivo de sociabilidade que permite lidar, mediante a Diplomacia e o Direito, com o conflito e a cooperação e, desta maneira, reduzir o ímpeto da "política do poder". Pauta-se com bom senso pelo "realismo" na avaliação dos condicionantes do poder na vida internacional. E a partir da informação haurida nos fatos do poder, mas sem imobilismos paralisantes nem impulsos maquiavélico-hobbesianos, busca construir novas soluções diplomáticas e/ou jurídicas no encaminhamento dos temas relacionados à inserção internacional do Brasil[45].

43. Rubens Ricupero, *Rio Branco, O Brasil no Mundo*, pp. 51 e 53.

44. Gelson Fonseca Jr., *A Legitimidade e Outras Questões Internacionais – Poder e Ética entre as Nações*, São Paulo: 1998, p. 356.

45. Cf. Martin Wight, *International Theory – The Three Traditions* (edited by Gabriele Wight and Brian Porter), Leicester,

Este estilo marcou e continua marcando a vida nacional, e por esse motivo foi incorporado à experiência da República, que constitucionalizou princípios de política internacional. Tais princípios são um marco normativo que tem como função estabelecer *limites* e promover *estímulos* à ação externa do Estado[46] em consonância com aquele estilo de comportamento diplomático. São exemplos de limites a proibição de guerra de conquista (Constituição de 1891, art. 88; Constituição de 1934, art. 4º; Constituição de 1946, art. 4º; Constituição de 1967 art. 7º e Emenda Constitucional n. 1, de 1969, art. 7º) e a delimitação da atividade nuclear em território brasileiro para fins exclusivamente pacíficos (Constituição de 1988, art. 21, XXIII,a, conjugado com o art. 4º,VI, que contempla o princípio da defesa da paz). São exemplos de estímulos o reconhecimento do valor da arbitragem como meio pacífico de solução de contenciosos internacionais (Constituição de 1891, art. 34; Constituição de 1934, art. 4º), aos quais a Constituição de 1946 acrescentou outros meios pacíficos de solução de conflitos, fazendo também referência a "órgão internacional de segurança" de que o Brasil participe – menção implícita ao papel da então recém criada ONU. A Constituição de 1967 e a

Leicester University Press, 1991; Pier Paolo Portinaro, *Il Realismo Politico*, Roma-Bari, Laterza, 1999; *Hugo Grotius and International Relations*, (ed. by Hedley Bull, Benedict Kingsbury, Adam Roberts) Oxford, Clarendon Press, 1992; Celso Lafer, "Discurso de Posse no Cargo de Ministro das Relações Exteriores", em 13 de abril de 1992; "A Inserção Internacional do Brasil" (artigo de 23 de maio de 1992); "A Autoridade do Itamaraty", em *A Inserção Internacional do Brasil – A Gestão do Ministro Celso Lafer no Itamaraty*, cit. respectivamente pp. 33, 286, 381.

46. Cf. Antonio Remiro Brotons, *La Acción Exterior del Estado*, Madrid, Tecnos, 1984, pp. 93-115.

Emenda Constitucional n. 1, de 1969, levando em conta a evolução das realidades internacionais, no art. 7º, incluiu além da arbitragem e outros meios pacíficos, uma referência explícita a negociações diretas, indicando também de maneira mais apropriada a cooperação com organismos internacionais, de que o Brasil participe, na solução de conflitos internacionais. A Constituição de 1988 estabelece no seu preâmbulo o compromisso do Brasil, na ordem interna e internacional, com a solução pacífica de controvérsias, e, no artigo 4º, enumera como princípios que devem reger as relações internacionais do Brasil: independência nacional; prevalência dos direitos humanos; autodeterminação dos povos; não intervenção; igualdade entre Estados; defesa da paz; solução pacífica dos conflitos; repúdio ao terrorismo e ao racismo; cooperação entre os povos para o progresso da humanidade; concessão de asilo político. O parágrafo único do artigo 4º cristaliza como norma programática, vale dizer como estímulo, a busca da integração econômica, política, social e cultural dos povos da América Latina, que é uma faceta da "republicanização" das relações internacionais do Brasil, explicitadora da nossa vinculação, acima mencionada, com "*nuestra América*"[47].

47. Sobre a experiência brasileira com a constitucionalização de princípios de relações internacionais cf. a importante monografia de Pedro Dallari, *Constituição e Relações Internacionais*, São Paulo, Saraiva, 1994. No prefácio que fiz para este excelente livro procurei também mostrar como foram aplicados na ação exterior do Estado os princípios do art. 4 e o art. 21, XXIII a, da Constituição de 1988 durante a minha gestão, em 1992, como Ministro das Relações Exteriores, cf. igualmente, Paulo Roberto de Almeida, *O Estudo das Relações Internacionais do Brasil,* São Paulo, Editora Unimares, 1999 - 3 - A Estrutura Constitucional das Relações Internacionais do Brasil, pp. 77-114.

Capítulo III

O CONTEXTO DA VIZINHANÇA: O BRASIL NA AMÉRICA DO SUL – SUA IMPORTÂNCIA NA CONSTRUÇÃO DA IDENTIDADE INTERNACIONAL BRASILEIRA

Rio Branco, ao avaliar os resultados da sua obra de consolidação do mapa do Brasil, comentou com o diplomata e político argentino Ramón F. Carcano que a próxima etapa de seu programa de trabalho seria a "de contribuir para a união e a amizade entre os países sul-americanos. Uma das colunas dessa obra deverá ser o ABC". Neste sentido o artigo 1º do projeto do tratado "de cordial inteligência e de arbitramento" entre Argentina, Brasil e Chile, que Rio Branco redigiu em 1909, estipulava que as três altas partes-contratantes procurariam "proceder sempre de acordo entre si em todas as questões que se relacionem com seus interesses e aspirações comuns e nas que se *encaminhem a assegurar a paz e a estimular o progresso da América do Sul*" (grifos meus).

A linha da política externa e o programa de trabalho, preconizados por Rio Branco – e que ele mesmo iniciou, com tato e segurança, no exercício de uma ação diplomática continental, como relata Álvaro Lins, mencionando um litígio entre Peru e Bolívia e uma questão entre o Chile e os Estados Unidos, – era de grande coerência[1]. Com efeito, para o Brasil a América do Sul não é uma opção e, sim, para falar com Ortega y Gasset, a "circunstância" do nosso *eu* diplomático. Por conseguinte, desafogado o país do tema das fronteiras, trabalhar para a união e a amizade entre os países sul-americanos, – o que significa, em primeiro lugar, empenhar-se na construção da paz na América do Sul, – passou a ser uma constante, uma "força profunda", da política externa brasileira. Além de todas as motivações em prol de uma "paz perpétua", de inspiração kantiana, a sustentar esta constante, cabe mencionar que um clima pacífico na América do Sul é condição importante para favorecer o desenvolvimento do espaço nacional, o vetor predominante da política externa do Brasil pós-Rio Branco. Dizia neste sentido o próprio Rio Branco em discurso pronunciado em 20 de abril de 1909, no Palácio do Itamaraty, por ocasião da homenagem que lhe foi prestada pelo seu sexagésimo aniversário:

> Se a paz é uma condição essencial ao desenvolvimento dos povos, mais ainda devem sentir-lhe a necessidade as nações novas como as do nosso continente sul-americano, que precisam de crescer e prosperar rapidamente[2].

1. Álvaro Lins, *Rio Branco*, pp. 432-435-489; Fernando Reis, "O Brasil e a América Latina", *Temas de Política Externa* – II, vol. II, Gelson Fonseca Jr. e Sérgio Henrique Nabuco de Castro (org.), Brasília, FUNAG, São Paulo, Paz e Terra, 1994, pp. 9-42; Demétrio Magnoli, *O Corpo da Pátria*, pp. 216-237.

2. *Obras do Barão do Rio Branco*, vol. IX, *Discursos*, Rio de Janeiro, Ministério das Relações Exteriores, 1948, p. 190.

A ação brasileira, na década de 1930, à busca de soluções conciliatórias, seja na questão de Letícia, que provocou conflito armado entre Colômbia e Peru, seja na Guerra do Chaco, entre Paraguai e Bolívia, insere-se nesta linha do programa traçado por Rio Branco. Na construção de soluções, que foram bem sucedidas, empenharam-se não apenas os Chanceleres Afrânio de Mello Franco e José Carlos de Macedo Soares, mas também o próprio Presidente Getúlio Vargas, cujo *Diário*, recentemente publicado, registra várias entradas que indicam claramente a sua preocupação pessoal com o tema[3]. É dentro do mesmo programa que se inserem, na década de 1990, as ações do Brasil como um dos garantes do Protocolo do Rio de Janeiro de 1942, para equacionar criativamente o contencioso territorial entre o Equador e o Peru. A solução encontrada – que levou a bom termo o Protocolo de 1942, para a qual, na época muito trabalhou o Chanceler Oswaldo Aranha[4] – foi uma importante realização diplomática do primeiro mandato do Presidente Fernando Henrique Cardoso e do seu Chanceler, Luiz Felipe

---

3. Cf. Amado Luiz Cervo e Clodoaldo Bueno, *História da Política Exterior do Brasil*, São Paulo, Ática, 1992, pp. 220-225; Carlos Delgado de Carvalho, *História Diplomática do Brasil*, pp. 264-266, 318-327; Afonso Arinos de Mello Franco, *Um Estadista da República – Afrânio de Melo Franco e seu Tempo*, 2ª ed., Rio de Janeiro, Nova Aguilar, 1976, pp. 1027-1042, 1070-1094, 1108-1119; Getúlio Vargas, *Diário* – vol. I, *1930-1936*; vol.II, *1937-1942*; apresentação de Celina Vargas do Amaral Peixoto, edição de Leda Soares, São Paulo, Siciliano; Rio de Janeiro, Fundação Getúlio Vargas, 1995.

4. João Hermes Pereira de Araújo, "Oswaldo Aranha e a Diplomacia", em Aspásia Camargo, João Hermes Pereira de Araújo, Mário Henrique Simonsen, *Oswaldo Aranha – A Estrela da Revolução*, São Paulo, Mandarin, 1996, pp. 283-285, 307-310.

Lampreia, que se envolveram, pessoalmente, em todas as fases da negociação[5].

A linha da política externa, preconizada por Rio Branco, voltada para a união e a amizade entre os países sul-americanos, se enquadra, como diz Rubens Ricupero, no campo do eixo da relativa igualdade entre os parceiros[6]. É, no âmbito deste eixo, uma linha representativa de um conceito clássico de ação diplomática: os países devem procurar fazer a melhor política de sua geografia. Esta diretriz, em tempos mais recentes, foi aprofundada para favorecer e estimular o vetor de desenvolvimento, que é a expressão moderna do conceito de progresso, registrado por Rio Branco no artigo 1º do projeto do Tratado do ABC.

Com efeito, num mundo que simultaneamente se regionaliza e se globaliza, convém fazer não apenas a melhor política, mas também a melhor economia de uma geografia – como, por exemplo, vêm fazendo os europeus, desde a década de 1950, no seu processo de integração. Daí uma linha de ação voltada para transformar as fronteiras brasileiras de clássicas fronteiras-separação em modernas fronteiras-cooperação, como já antecipava o Chanceler José Carlos de Macedo Soares em 1957. Esta linha de inspiração grociana tem como ponto de partida o fato de a América do Sul constituir uma unidade física contígua, propiciadora de oportunidades de cooperação econômica. Esta pode ampliar vantagens compara-

5. Luiz Felipe Lampreia, *Diplomacia Brasileira – Palavras, Contextos e Razões*, Rio de Janeiro, Lacerda Editora, 1999, pp. 216-220; David Scott Palmer, "El Conflicto Ecuador-Perú: El Papel dos los Garantes", em Adrian Bonilla (org.), *Ecuador-Perú – Horizontes de la Negociación y el Conflicto*, Quito, Flacso, 1999, pp. 31-59.

6. Rubens Ricupero, "A Diplomacia do Desenvolvimento", *Três Ensaios sobre Diplomacia Brasileira*, pp. 193-194.

tivas em um processo de inserção competitiva na economia mundial, à medida que os vetores logística/transporte, telecomunicação/energia forem desenvolvidos para adicionar valor e reduzir custos, estimulando, num clima de paz, os elos do comércio e do investimento. A isto cabe acrescentar que nesta virada do século a economia da geografia aconselha a um novo enfoque para o conceito de América Latina. De fato, há de ter em conta que o México, em função de sua participação no NAFTA e a América Central e o Caribe, por obra da atração centrípeta da economia norte-americana, viram o seu grau de interdependência com o Norte aumentar ainda mais significativamente nos últimos anos. Por esse motivo, o futuro dessa parte da América Latina está cada vez mais vinculado ao que acontece nos Estados Unidos. A América do Sul, em contraste, tem relações regionais e internacionais mais diversificadas, tanto no plano econômico quanto no político. Este é um dado da realidade contemporânea que lhe confere uma especificidade própria no contexto da América Latina, da qual cabe extrair as apropriadas conseqüências em matéria de política externa[7].

7. José Carlos de Macedo Soares, *Conceitos de Solidariedade Continental*, Rio de Janeiro, Ministério das Relações Exteriores, 1959, pp. 46-47; Paul Krugman, *Geography and Trade*, Leuven, Belgica/ Cambridge, Mass., Leuven University Press, The MIT Press, 1991; Eliezer Batista da Silva, *Infrastructure for Sustainable Development and Integration of South America*, Relatório para o Business Council for Sustainable Development – Latin America (BCSD-LA), Corporación Andina de Fomento, Companhia Vale do Rio Doce (CVRD), Bank of America, Companhia Auxiliar de Empresas de Mineração (CAEMI), agosto 1996; Abraham F. Lowenthal, "Latin America at the Century's Turn", *Journal of Democracy*, vol. II, n. 2 (April 2000), pp. 49-55; Abraham F. Lowenthal, "Estados Unidos e América Latina", *Política Externa*, vol. 9, n. 3 (dez./jan./fev. 2000/2001), pp. 5-24.

É nesta moldura que também se insere a constante idéia-força da política externa brasileira, voltada para assegurar a paz e estimular o desenvolvimento da América do Sul. É esta idéia-força que está na base de uma importante iniciativa diplomática do presidente Fernando Henrique Cardoso. Refiro-me à inédita e inovadora Reunião de Presidentes da América do Sul, realizada em Brasília nos dias 30 de agosto e 1º de setembro de 2000. O objetivo da reunião foi o de aprofundar a cooperação já existente em nosso espaço comum, convertendo tal espaço num projeto. Este, voltado para organizar em outro patamar a convivência sul-americana, tem como propósito ampliar a capacidade dos países da região no encaminhamento do desafio do desenvolvimento – tema comum e prioritário das agendas da política externa de todos. A meta é encontrar melhores caminhos no trato dos desafios e oportunidades da globalização através de uma ação conjunta voltada para a consolidação da democracia e da paz, e a concomitante promoção dos direitos humanos; para o estímulo do comércio através de novos enlaces nos processos de integração econômica já existentes na região, a serem trabalhados numa perspectiva de "regionalismo aberto"; para a cooperação tanto no campo do combate a drogas ilícitas e delitos conexos, quanto no âmbito da ciência e tecnologia, pois a ampliação e aplicação do conhecimento é um ingrediente crítico da competitividade dos processos produtivos da região. Uma outra ação conjunta contemplada na reunião de Brasília é a dos eixos sinérgicos da integração da América do Sul, vale dizer o leque de projetos de integração física, dotados de sustentabilidade no seu sentido amplo (ambiental, social, de eficiência econômica) e baseados numa perspectiva geoeconômica do espaço regional. Estes projetos de infra-estrutura de integração são um inequívoco exemplo do processo de transformação de fronteiras-separação em fronteiras-cooperação, e poderão ter um efeito multiplicador sobre o desenvolvimento e ampliar a integração econômica da região[8].

Converter um espaço – o espaço configurador do nosso contexto de vizinhança – num projeto é um desafio, até mesmo em função das restrições e limites que os problemas internos geram para cada um dos países da região sul-americana. É no entanto a conseqüência lógica de uma linha e de ações de política externa voltadas para adensar as oportunidades de cooperação ensejadas pelo alcance econômico da geografia do Brasil.

São antecedentes e marcos deste programa de trabalho, representativos de uma "força-profunda" de "duração longa" que vem norteando a ação diplomática brasileira: a ALALC (Associação Latino-Americana de Livre Comércio) de 1960, sucedida em 1980 pela ALADI (Associação Latino-Americana de Desenvolvimento)[9]; o Tratado da Bacia do Prata de 1969; o Tratado de 1973 com o Paraguai, que levou à construção da hidrelétrica de Itaipu; o acordo tripartite Argentina, Paraguai e Brasil, de outubro de 1979, compatibilizando as usinas hidrelétricas de

8. Cf. o "Comunicado de Brasília", reproduzido em *Política Externa,* vol. 9, n. 2 (set./out./nov.) 2000, pp. 125-135, Gilberto Dupas, "Assimetrias Econômicas, Lógica das Cadeias Produtivas e Políticas de Bloco no Continente Americano, *Política Externa*, vol. 9, n. 2 (set./out./nov.) 2000, pp. 18-29; Jacques Marcovitch, "América do Sul: Democracia e Valores", *Política Externa*, vol. 9, n. 2 (set./out./nov.) 2000, pp. 30-40.

9. Cf. Rubens Barbosa, "O Brasil e a Integração Regional: a ALALC e a ALADI (1960-1990)" em José Augusto Guilhon Albuquerque (org.), *Sessenta Anos de Política Externa Brasileira – 1930-1990*, vol. II, *Diplomacia para o Desenvolvimento*, São Paulo, Cultura Editores Associados/Núcleo de Pesquisa de Relações Internacionais da USP, 1996, pp. 135-168.

Itaipu e Corpus[10]; o Tratado de Cooperação da Amazônia, de 1978[11]; o gasoduto Bolívia-Brasil inaugurado no primeiro semestre de 1999 – desfecho positivo de iniciativas que, entre avanços e recuos, remontam à década de 1930[12].

O paradigma do processo de transformação do papel das fronteiras na América do Sul é o Mercosul, resultado de uma efetiva reestruturação, de natureza estratégica, do relacionamento Brasil-Argentina. Este relacionamento carregou na origem o peso da herança colonial, pois o que houve de rivalidade entre as Coroas de Portugal e Espanha teve no Prata o seu foco principal. Na história, as relações dos dois países foram influenciadas por essa herança, tendo-se caracterizado por momentos de grandes convergências, entremeados por períodos de distanciamentos e desconfianças.

Depois do equacionamento, em 1979, do problema da utilização das águas para fins energéticos que caracte-

---

10. Cf. João Hermes Pereira de Araújo; José Costa Cavalcanti & Bacia do Prata, *Valores e Rumos do Mundo Ocidental*, Brasília, Câmara dos Deputados, Comissão de Relações Exteriores, pp. 249-290; Laércio Betiol, *Itaipu-Modelo Avançado de Cooperação Internacional na Bacia do Prata*, Rio de Janeiro, Editora da Fundação Getúlio Vargas, 1983; Christian G. Caubet, *As Grandes Manobras de Itaipu*, São Paulo, Editora Acadêmica, 1991; R. Saraiva Guerreiro, *Lembranças de um Empregado do Itamaraty*, São Paulo, Siciliano, 1992, pp. 91-97; Mário Gibson Barboza, *Na Diplomacia, o Traço Todo da Vida*, Rio de Janeiro, Record, 1992, pp. 107-124.

11. Rubens Ricupero, *Visões do Brasil – Ensaios sobre a História e a Inserção Internacional do Brasil*, Rio de Janeiro, Record, 1995, pp. 358-368, 386-396.

12. Luiz Felipe Lampreia, *Diplomacia Brasileira, Palavras, Contextos e Razões*, pp. 148-208; Amado Luiz Cervo e Clodoaldo Bueno, *História Política Exterior do Brasil*, pp. 269-273; Carlos Delgado de Carvalho, *História Diplomática do Brasil*, pp. 327-335.

rizou o contencioso de Itaipu, a etapa mais significativa na preparação do Mercosul se situa após o término dos regimes militares, nos anos 80. Ela se deve às iniciativas dos Presidentes Sarney e Alfonsín que, lastreados nos precedentes de convergência, elevaram a um novo patamar o entendimento entre os dois países. O marco deste novo patamar foi o Tratado de Integração, Cooperação e Desenvolvimento de 1988. A sua moldura mais abrangente, de natureza política, compreendia a consolidação de valores democráticos e o respeito aos direitos humanos, passando por *confidence building measures* destinadas a reduzir tensões na área estratégico-militar, em especial no campo nuclear. Sobre esta base, o Tratado procurou estimular o desenvolvimento na difícil década econômica para a América Latina que foram os anos 80.

O Mercosul é obra, na década de 1990, dos Presidentes Fernando Collor, Itamar Franco e Fernando Henrique Cardoso, do lado brasileiro, e do Presidente Carlos Saúl Menem, do lado argentino. Iniciado pelo Tratado de Assunção de 1991, com os avanços gerados em 1995, trazidos pelo processo de implementação da união aduaneira, o Mercosul não só incorporou o Paraguai e o Uruguai no processo de integração, mas criou um laço associativo com o Chile e a Bolívia.

O Mercosul exprime uma visão de regionalismo aberto, trabalha a compatibilidade da agenda interna e externa da modernização (necessária para a Argentina e o Brasil da década de 1990, com o esgotamento do modelo do Estado e da economia baseado na substituição de importações) e é um marco de referência democrática dos países que o integram. Se é verdade que surgiram dificuldades relevantes de conjuntura em 1999 e em 2000, inevitáveis em qualquer processo de integração e muitas delas ligadas aos problemas de harmonização de políticas macroeconômicas, que no momento atual se prendem aos dilemas da inserção assimétrica de economias emergentes no sistema internacional, é certo que o Mercosul tem a natureza de um imperativo comum para o Brasil, a Argentina e os seus parceiros. Com efeito, ele exprime e simboliza uma nova presença da América do Sul no mundo pós-Guerra Fria e é fator importante, para não dizer crucial, em negociações econômicas interamericanas, como as do projeto ALCA, e as que se iniciaram com a União Européia[13].

O multifacetado entendimento argentino-brasileiro que está na base do Mercosul, assim como o entendimento entre a França e a Alemanha esteve na base da construção da Comunidade Européia, tem também um alcance

---

13. Celso Lafer e Felix Peña, *Argentina e Brasil no Sistema das Relações Internacionais*, São Paulo, Duas Cidades, 1973; Celso Lafer, *O Brasil e a Crise Mundial*, cap. 8, "A Bacia do Prata nas Relações Internacionais: Argentina e Brasil sob o Signo da Cooperação", pp. 153-162; "Relações Brasil-Argentina: Alcance e Significado de uma Parceria Estratégica", *Contexto Internacional*, vol. 19, n. 2 (jul./dez.) 1997, pp. 249-265; *A OMC e a Regulamentação do Comércio Internacional*, Porto Alegre, Livraria/Editora do Advogado, 1998, cap. 4 "Multilateralismo e Regionalismo na Ordem Econômica Mundial, OMC, MERCOSUL, ALCA", pp. 83-97; Francisco Thompson-Flôres Neto, "Integração Brasil-Argentina: Origem, Processo e Perspectiva", *Temas de Política Externa*, org. de Gelson Fonseca Jr. e Valdemar Carneiro Leão, Brasília, FUNAG/Ática, 1989, pp. 129-134; Marcos Castriota de Azambuja, "O Relacionamento Brasil-Argentina: de Rivais a Sócios", *Temas da Política Externa Brasileira II*, vol. II, org. de Gelson Fonseca Jr. e Sérgio Henrique Nabuco de Castro, Brasília, FUNAG/São Paulo, Paz e Terra, 1994, pp. 65-71; Monica Hirst (org.), *Argentina-Brasil – Perspectivas Comparativas y Ejes de Integracion*, Buenos Aires, Tesis, 1990; Felix Peña, "La Construción del Mercosur – Leciones de una Experiência", *Archivos del Presente*, ano 2, n. 4, 1996, pp. 113-133; Luiz Felipe Lampreia, *Diplomacia Brasileira, Palavras, Contextos e Razões*, pp. 167-178,

no plano da segurança internacional, no campo nuclear, que transcende a América do Sul. Com efeito, as *confidence building measures* dos anos 80 culminaram nos anos 90 na criação de um mecanismo formal de inspeções mútuas, abriram as instalações nucleares dos dois países à supervisão internacional, e permitiram a plena vigência do Tratado de Tlatelolco, de 1967, que proíbe as armas nucleares na América Latina. Com esses compromissos, o Brasil deu plena expressão internacional à norma estabelecida na Constituição de 1988 relativa ao uso exclusivamente pacífico da energia nuclear em território nacional. Brasil e Argentina deixaram de ser considerados "threshold States", ou seja, Estados no limiar da possibilidade de fabricação de artefatos nucleares explosivos. Em 1998, o Brasil aderiu ao Tratado de não-proliferação de armas nucleares (TNP), culminando seu processo de incorporação aos mecanismos internacionais de não-proliferação nuclear. Com a adesão brasileira, o TNP passou a incorporar todos os países à exceção de Cuba e de três países não previstos no Tratado na categoria de Estados nuclearmente armados, porém detentores de fato de capacidade nuclear com finalidade militar, quer

311-322; Moniz Bandeira, *Estado Nacional e Política Internacional na América Latina – O Continente nas Relações Argentina-Brasil (1930-1992)*, São Paulo, Ensaio, 1993; Luís Augusto de Castro Neves, "A Cimeira do Rio de Janeiro", *Política Externa*, vol. 8, n. 2 (set./nov.) 1999, pp. 15-23; Aldo Ferrer, "A Relação Argentina-Brasil no Contexto Mercosul e a Integração Sul-americana", *Política Externa*, vol. 9, n. 2 (set.-out.-nov.) 2000, pp. 5-17; José Maria Lladós e Samuel Pinheiro Guimarães, *Perspectivas Brasil y Argentina*, Buenos Aires, IPRI/CARI, 1999; Jorge Carrera y Frederico Sturzenegger (org.), *Coordinación de Políticas Macro Economicas en el Mercosur*, Buenos Aires, Fondo de Cultura Económica/ Fundación Gobierno y Sociedad, 2000.

explicitamente admitida (Índia e Paquistão), quer deliberadamente omitida (Israel)[14].

Sintetizando: em função da sua geografia, de sua experiência histórica e da linha de continuidade de sua ação diplomática, o Brasil está à vontade e em casa com o componente sul-americano de sua identidade internacional, que é uma "força profunda", de natureza positiva, na sua política externa. O contexto da vizinhança, em contraste, por exemplo, com os da China, da Índia e da Rússia, – como o Brasil países de escala continental – é um contexto favorável para a organização do espaço da América do Sul[15], e foi por esta razão que o governo brasileiro promoveu a reunião de Brasília, acima discutida.

Nesta virada do milênio, a sombra de preocupação em torno do futuro da organização deste espaço, como um ambiente favorável à paz e ao desenvolvimento, reside num aspecto de segurança internacional que se alterou no mundo pós-Guerra Fria. Este trouxe, entre tantas outras conseqüências, uma significativa diminuição dos riscos de confrontação bélica global com armas atômicas, pois ensejou a superação da doutrina da dissuasão nuclear baseada em conceitos como o da "destruição mútua assegurada" e do "equilíbrio do terror". O novo ambiente internacional e seus cenários de conflito tor-

14. Celso Lafer, *Comércio, Desarmamento, Direitos Humanos – Reflexões sobre uma Experiência Diplomática*, São Paulo, Paz e Terra, 1999, cap. 7, "As Novas Dimensões do Desarmamento: Os Regimes de Controle das Armas de Destruição de Massa e as Perspectivas para Eliminação de Armas Nucleares", pp. 104-137, Carlos Escudé, *Estado del Mundo – Las Nuevas Reglas de la Política Internacional vistas desde el Cone Sur*, Buenos Aires, Ariel, 1999, pp. 11-21.

15. *O Presidente Segundo o Sociólogo – Entrevista de Fernando Henrique Cardoso a Roberto Pompeu de Toledo*, São Paulo, Companhia das Letras, 1998, p. 127.

naram tais doutrinas obsoletas, e por isso mesmo mais descabidos a retenção e o desenvolvimento de arsenais nucleares. Se aparentemente amainaram os riscos de uma conflagração atômica na escala contemplada na época da Guerra Fria, seguramente aumentaram os perigos difusos da violência de natureza descontrolada[16]. Tais perigos aumentaram em função de uma faceta da globalização, que faz funcionar o mundo através de diversos tipos de redes. Entre estas estão as das finanças, que possibilitam, além dos movimentos rápidos dos fluxos de capital, a "lavagem" do dinheiro; as da criminalidade organizada; as do tráfico ilícito de armamentos; as da produção, distribuição e proliferação das drogas; as do terrorismo; as das migrações não regulamentadas de pessoas, causadas pelas guerras civis e pelas perseguições.

A combinação deste tipo de redes, instrumentada pelos meios de comunicação eletrônica, escapa aos controles dos estados e das instituições internacionais e, como aponta Pierre Hassner, colocam em questão a racionalidade dos mecanismos tradicionais da economia, da diplomacia e da guerra, multiplicando os riscos difusos da violência anômica. No caso do Brasil, inserido na América do Sul, estes riscos provêm, em parte, do impacto interno, no território nacional, em função da porosidade das fronteiras, do "externo", a saber, o crime organizado, a droga e o terrorismo como expressão de uma

---

16. Pierre Hassner, "De la crise d'une discipline à celle d'une epoque", em Marie-Claude Smouts (ed.), *Les Nouvelles Relations Internationales – Pratiques et theories*, pp. 377-396; Thérèse Delpech, *La guerre parfaite*, Paris, Flammarion,1988; Hannah Arendt, *On Violence*, N. York, Harcourt, Brace and World, 1979; Octavio Paz, *Tiempo Nublado*, Barcelona, Seix Barral, 1983; *Pequena Crónica de Grandes Dias*, México, Fondo de Cultura Económica, 1990.

"sublevação dos particularismos". É nesta temática que reside a sombra de preocupação em torno da organização do espaço sul-americano como ambiente favorável à paz e ao desenvolvimento que tem sido, desde Rio Branco, uma constante da política externa brasileira, e um componente forte da identidade internacional do Brasil.

Capítulo IV

O BRASIL NO EIXO ASSIMÉTRICO DO SISTEMA INTERNACIONAL: UMA POTÊNCIA MÉDIA DE ESCALA CONTINENTAL E AS CONSTANTES GROCIANAS DE SUA ATUAÇÃO NO PLANO MULTILATERAL

A construção, no século XX, do componente sul-americano de identidade internacional do Brasil deu-se por meio de uma ação de política externa, trabalhada no eixo das relações de relativa igualdade entre os estados. Evidentemente, este eixo, que constitui um subsistema com a sua dinâmica própria, coexiste com as correlações de força entre os Estados – qualificado por Rubens Ricupero como o eixo das relações de assimetria – que se manifestam no âmbito mundial sobretudo nos planos político, militar, econômico-comercial, tecnológico, entre outros. Assim, por mais distante que estivesse a América do Sul da dinâmica de funcionamento do centro político e econômico do sistema internacional, as interações do Brasil e dos demais países sul-americanos com os estados dos quais nos separam "um diferencial apreciável de poderio político e econômico" não deixaram de ter um forte impacto[1].

No início do século XX, a própria "aliança não escrita" com os Estados Unidos que Rio Branco construiu, na formulação de Bradford Burns, levava isso em conta. Com efeito, na perspectiva brasileira, essa aliança tinha dois objetivos: no eixo da assimetria, desafogar o Brasil da preponderância econômica e política dos seus prévios relacionamentos com as potências européias; no eixo da relativa simetria, preservá-lo como tal, sem vê-lo contaminado pelo eixo assimétrico, o que era um risco latente pois, na avaliação de Rio Branco, "Washington foi sempre o principal centro das intrigas e dos pedidos de intervenção contra o Brasil por parte de alguns dos nossos vizinhos, rivais permanentes ou adversários de ocasião"[2].

A preservação de um espaço de autonomia é também um cuidado que tiveram Rio Branco e mesmo Joaquim Nabuco na construção da visão brasileira do pan-americanismo – cuidado que marcará, no correr do século XX, a identidade do Brasil no âmbito do multilateralismo e no eixo da assimetria. Um exemplo deste cuidado é a interpretação dada à Doutrina Monroe, que na visão brasileira não deveria ser tomada como declaração unilateral dos Estados Unidos, mas como parte do Direito Internacio-

---

1. Rubens Ricupero, "A Diplomacia do Desenvolvimento", *Três Ensaios sobre Diplomacia Brasileira*, pp. 193-194.

2. "O Brasil, os Estados Unidos e o Monroismo", em *Obras do Barão do Rio Branco*, vol. VIII; *Estudos Históricos*, Rio de Janeiro, Ministério das Relações Exteriores, 1948, p. 151; E. Bradford Burns; *The Unwritten Alliance – Rio Branco and Brazilian American Relations*, N. York, Columbia University Press, 1966, cap. VII; Rubens Ricupero, em *Barão do Rio Branco – Uma Biografia Fotográfica*, pp. 85-92; Celso Lafer e Felix Peña, *Argentina e Brasil no Sistema das Relações Internacionais*, pp. 86-87.

nal das Américas, aplicável pela ação cooperativa e conjunta de suas principais repúblicas. Em outras palavras, a interpretação multilateral do monroísmo, como parte constitutiva da doutrina da política externa brasileira, representou um empenho no controle da ingerência unilateral dos Estados Unidos, baseado nos pressupostos do seu "destino manifesto"[3].

Este empenho é parte do que veio a ser, no século XX, a *world-view* do Brasil em relação ao tema da estratificação internacional. Esta visão não surge com nitidez no século XIX, quando o vetor principal da política externa foi o da consolidação do espaço nacional. Com efeito, situado na periferia geográfica, política e econômica do Concerto Europeu, o Brasil não tinha como se contrapor a um sistema de funcionamento da política internacional em que o poder de gestão da ordem mundial era atribuído, com exclusividade, ao equilíbrio entre as grandes potências. O Brasil, no entanto, não estava à vontade nesse sistema. Um exemplo disso, no Império, é a questão Christie, provocada pela prepotência imperial de um *ultimatum*, acompanhado de bloqueio naval durante seis dias do porto do Rio de Janeiro, por meio do qual o Ministro-Plenipotenciário da Grã-Bretanha tratou dois incidentes com navios ingleses, ocorridos no Brasil no início da década de 1860. Disto resultou, em 1863, a ruptura

---

3. Donald Marquand Dozer, *The Monroe Doctrine – Its Modern Significance*, N. York, Knopf, 1965, p. 21; E. Bradford Burns, *The Unwritten Alliance, Rio Branco and Brazilian-American Relations*, cap. VI; Pandiá Calógeras, *Res Nostra...*, São Paulo, Irmãos Ferraz, 1930, p. 110; João Frank da Costa, *Joaquim Nabuco e a Política Exterior do Brasil*, Rio de Janeiro, Record, 1968, p. 109; Carlos Daghlian, *Os Discursos Americanos de Joaquim Nabuco*, Recife, Fundação Joaquim Nabuco, Editora Massangana, 1988, p. 41; Álvaro Lins, *Rio Branco*, p.138 e p. 322.

das relações diplomáticas, posteriormente reatadas em 1866, em função do equacionamento do problema por um laudo arbitral do Rei dos Belgas e a mediação de Portugal[4].

O não estar à vontade com o indiscutível poder de gestão da ordem mundial atribuído e exercido pelas grandes potências segundo a lógica diplomática do Concerto Europeu, pôde começar a expressar-se depois da consolidação jurídica do espaço nacional. Este é o significado da ação diplomática de Ruy Barbosa como o delegado do Brasil na Haia, em 1907. Com efeito, na II Conferência de Paz, que assinala o momento inaugural da presença brasileira em foros internacionais, o Brasil republicano, pela voz de Ruy Barbosa, com o apoio de Rio Branco, reivindicou, fundamentado na igualdade jurídica dos estados, um papel na elaboração e aplicação das normas que deveriam reger os grandes problemas internacionais da época, questionando, assim, a lógica das grandes potências. Na Haia e levando em conta a idéia da promoção da paz que inspirou a convocação da Conferência, Ruy Barbosa também sugeriu, na linha da Constituição de 1891, o recurso à arbitragem como meio de evitar a guerra e propôs que se considerasse juridicamente inválida a alienação de território imposta pelas armas[5].

4. José Honório Rodrigues, Ricardo A. S. Seitenfus, org. de Leda Boechat Rodrigues, *Uma História Diplomática do Brasil, 1531-1945*, Rio de Janeiro, Civilização Brasileira, 1995, pp. 173-183; Hélio Vianna, *História da República/História Diplomática do Brasil*, pp. 185-186; Carlos Delgado de Carvalho, *História Diplomática do Brasil*, pp. 117-125; José Calvet de Magalhães, *Breve História das Relações Diplomáticas entre Brasil e Portugal*, São Paulo, FUNAG/Paz e Terra, 1999, pp. 57-59.

5. Pedro Penner da Cunha, *A Diplomacia da Paz – Ruy Barbosa em Haia*, Rio de Janeiro, MEC/Fundação Casa de Ruy Barbosa,

Sua ação na 2ª Conferência de Paz é um antecedente representativo, no âmbito do multilateralismo, da conduta diplomática brasileira no eixo assimétrico. Merece por isso mesmo algumas considerações adicionais, até mesmo porque já foi tida como expressão de uma perspectiva jurídica "idealista", pouco apta para lidar com as realidades da vida internacional.

Afonso Arinos, ao refletir sobre o papel dos advogados na vida pública brasileira, estabeleceu uma distinção entre os *juristas*, com vocação teórica e pouca aptidão para a vida política – como é o caso de Teixeira de Freitas e Clóvis Bevilacqua – e os *bacharéis*. Estes se valeram da técnica jurídica como instrumento da ação política. É o caso, por exemplo de Epitácio Pessoa, de Afranio de Mello Franco e de Ruy Barbosa – inquestionavelmente o maior de todos os bacharéis da Primeira República[6].

Em livro recente, mostrou Bolívar Lamounier que a característica da ação política de Ruy Barbosa foi uma prática institucional, voltada para a construção de um espaço democrático, superador dos males e imperfeições da Primeira República. A importância da sua ação foi posta em questão nos anos 30, em nosso país, através da crítica ao "bacharelismo" pelo pensamento autoritário de direita, com base na dicotomia país real/país formal, e pelo de esquerda, com fundamento no primado da economia sobre a política. Atualmente, aponta Bolívar Lamounier, o Direito como meio para um fazer político-

---

1977; Hildebrando Accioly, prefácio a *Obras Completas* de Ruy Barbosa, vol. XXXIV, 1907, tomo II; *A Segunda Conferência da Paz*, Rio de Janeiro, Ministério da Educação e Cultura, 1966, pp. IX-XXVI.

6. Afonso Arinos de Melo Franco, *A Escalada* (*Memórias*), Rio de Janeiro, José Olympio, 1965, pp. 48-49.

institucional – perseverante e progressivo – é, reconhecidamente, ingrediente indispensável para a construção de democracias estáveis, daí advindo um significado importante do legado de Ruy Barbosa[7].

A ação de Ruy na Haia – e este é o meu ponto – é não só congruente com a sua prática política e a relevância de seu legado no plano interno, como também representou, no plano externo, um fazer diplomático precursor do tema e do processo da democratização do sistema internacional. É por este motivo que o alcance da Haia, em matéria de conduta diplomática, transcende a dicotomia idealismo/realismo e se insere no âmbito do estilo de ação grociana, que a meu ver inspira a política externa brasileira no século XX, conforme exposto no fecho do Capítulo II do presente livro. Faço esta observação porque a Haia não foi o fruto de uma atuação solitária de Ruy – como aconteceu freqüentemente na sua vida –, mas sim, o de uma parceria com Joaquim Nabuco e Rio Branco. Este acompanhou de perto, como Ministro das Relações Exteriores, com o senso de realismo e conhecimento da vida internacional que tinha, mas também com o vigor intimorato que permeava a sua "idéia" do Brasil, o que estava se passando na Haia. Como lembra Américo Jacobina Lacombe, os 150 despachos telegráficos de Ruy e as respectivas 150 respostas de Rio Branco são reveladores da presença diretiva do Chanceler num foro propício para a ação de Ruy. O foro era propício porque a Haia assinala o que veio a ser, com o multilateralismo, a prática da diplomacia parlamentar, no âmbito da qual a combatividade de advogado, a experiência de parlamentar e o amplo domínio dos "dossiês" que caracterizavam a perso-

7. Bolívar Lamounier, *Ruy Barbosa*, Rio de Janeiro, Nova Fronteira, 1999.

nalidade de Ruy Barbosa, eram (e continuam sendo) recursos de poder[8]. Estes são meios apropriados nas situações em que o sistema internacional está aberto para uma postura grociana diante da realidade internacional.

A relação entre a técnica jurídica e a ação política, na construção de um espaço mais democrático no plano internacional, foi explicitado na Haia por Ruy Barbosa, na sua condição de "bacharel", com a seguinte resposta ao Presidente da Sessão, que o questionou sobre a interação que propunha entre Política e Direito: "Eis a política, eis o direito internacional. Como separá-los? A política transformou o direito privado, revolucionou o direito penal, fez o direito constitucional, criou o direito internacional. Ela é a vida dos povos; ou é a força ou o direito, a civilização ou a barbárie, a guerra ou a paz[9].

Na avaliação que fez dos resultados para o Brasil da ação na Haia, Ruy Barbosa observou que a Segunda Conferência, quando comparada à Primeira, "mostrou aos fortes o papel necessário dos fracos na elaboração dos direitos das gentes" e "revelou politicamente ao mundo antigo o novo mundo, mal conhecido a si próprio, com a sua fisionomia, a sua independência, a sua vocação no direito das gentes". Isto tudo, num cenário no qual "a vida assim moral, como econômica das nações é cada vez mais internacional. Mais do que nunca, em nossos dias, os povos subsistem da sua reputação no exterior"[10].

8. Américo Jacobina Lacombe, *Rio Branco e Ruy Barbosa*, Rio de Janeiro, Ministério das Relações Exteriores, 1948, pp. 85-86; Rubens Ricupero, *Rio Branco. O Brasil no Mundo*, p. 55.

9. Ruy Barbosa, *Actes et Discours*, Haia, W. P. Van Stockum et Fils, 1907, 5ª sessão, 12 de julho de 1907, p. 49 (tradução é minha).

10. Discurso de Ruy Barbosa em Paris, em 31 de outubro de 1907, agradecendo a homenagem que os brasileiros lhe prestaram

O questionamento do papel da gestão exclusiva da ordem mundial pelas grandes potências, iniciado na Haia em 1907, adquiriu clareza conceitual na perspectiva brasileira por ocasião da Conferência de Paz de Paris, de 1919, à qual o Brasil compareceu em função de sua participação, ainda que modesta, na Primeira Guerra Mundial. Na discussão do seu regimento, a conferência, que levou ao Tratado de Versailles e ao Pacto da Sociedade das Nações, colocou o tema, ao propor e fazer, no seu artigo 1º, uma distinção entre as potências beligerantes com *interesses gerais* (Estados Unidos, França, Inglaterra, Itália e Japão) – que participariam de todas as Sessões e Comissões – das demais potências beligerantes, com *interesses limitados*, que por isso mesmo só tomariam parte nas sessões em que seriam discutidas questões que as interessassem diretamente.

Martin Wight avalia que esta distinção é a melhor definição de grandes potências, pois estas consideram que ter "interesses gerais" significa ter interesses que são tão vastos quanto o próprio sistema interestatal, que no século XX é mundial. Esta universalidade de interesses e ambições – o aspirar, nas clássicas palavras de Campanella citadas por Martin Wight: *"alla somma delle cose umane"*[11] –, era ilógica para Calógeras, delegado do Brasil. Era ilógica porque o novo princípio inspirador da

---

em função de sua participação em Haia, *Obras Completas* de Ruy Barbosa, vol. XXXIV, 1907, Tomo I; *Discursos Parlamentares*, Rio de Janeiro, Ministério da Educação e Cultura, 1962, pp. 128, 134-135.

11. Martin Wight, *Power Politics* (edited by Hedley Bull and Carsten Holbraad), N. York, Holmes and Meir, 1979, p. 50; *System of States* (edited with an introduction by Hedley Bull), Leicester, Leicester University Press, 1977, pp. 136-141; cf. igualmente, Hedley Bull, *The Anarchical Society – A Study of Order in World Politics*,

Liga das Nações, baseado nos 14 Pontos de Wilson, se contrapunha à velha lógica do Concerto Europeu, ao afirmar o conceito de igualdade das nações perante o Direito. Na sua aplicação, o regimento negaria este conceito "relegando para plano inferior como satélites de outros maiores as que não fossem" grandes potências. Na perspectiva do Brasil, a conseqüência, ressaltava Calógeras em telegrama ao Itamaraty e nos apontamentos do seu Diário, seria dar às grandes nações o papel de tribunais de julgamento dos interesses das pequenas[12].

Movida por esta avaliação, a Delegação brasileira tomou a iniciativa de atuar em conjunto com os demais países de "interesses limitados", realizando gestões que levaram as grandes potências a aceitar a presença das potências menores nas diversas Comissões da Conferência. O sucesso destas gestões permitiu que a delegação brasileira, chefiada pelo futuro presidente Epitácio Pessoa, cuidasse, na Conferência de Paz, não apenas dos interesses específicos do Brasil (pagamentos de vendas de café e regularização da propriedade de navios mercantes), mas igualmente dos "interesses gerais" inerentes à criação da nova ordem internacional pós-Primeira Guerra Mundial. De "interesses gerais" também o Brasil tratou subseqüentemente, como membro-temporário do Conselho da Liga das Nações, condição na qual permaneceu até 1926 quando, na ocasião da entrada da Alema-

London, Mac Millan Press, 1977, cap. 9; Stanley Hoffmann, *Organisations Internationales et Pouvoirs Politiques des Etats*, Paris, Colin, 1954.

12. Pandiá Calógeras, "Conferência da Paz, Diário – Entradas 13 de janeiro de 1919 e 18 de janeiro de 1919", *Calógeras na Opinião de seus Contemporâneos*, org. de Roberto Simonsen, Antonio Gontijo de Carvalho e Francisco de Salles Oliveira, São Paulo, Siqueira, 1934, pp. 66, 68-69.

nha, se retirou da Liga, por não ter obtido o *status* de membro-permanente do Conselho, objetivo diplomático estabelecido pelo Presidente Artur Bernardes[13].

A afirmação de que o Brasil tem "interesses gerais", ou seja, uma visão sobre o mundo e o seu funcionamento, e de que esta visão é importante para resguardar e encaminhar os interesses específicos do país, explicitada no pós-Primeira Guerra Mundial, será uma constante da identidade internacional brasileira no correr do século XX. O *locus standi* para esta afirmação vem residindo na competência diplomática com a qual o Brasil, com visão e estilo grocianos, tem operado de maneira contínua a sua presença na vida internacional como potência média de escala continental e relevância regional.

Não é fácil, como se sabe, conceituar o que é uma potência média, nem é simples operar diplomaticamente como potência média. Destas dificuldades operacionais tratou Ruy Barbosa na sua avaliação do que significou a tarefa de representar o Brasil na Haia:

> Entre os que imperavam na majestade da sua grandeza e os que se encolhiam no receio da sua pequenez, cabia inegavelmente, à grande república da América do Sul um lugar intermédio, tão distante da soberania de uns como da humildade de outros. Era essa posição de meio termo que nos cabia manter, com discrição, com delicadeza e com dignidade.

13. Carlos Delgado de Carvalho, *História Diplomática do Brasil*, pp. 381-389; Amado Luiz Cervo e Clodoaldo Bueno, *História da Política Exterior do Brasil*, pp. 190-208; Eugenio Vargas Garcia, *O Brasil e a Liga das Nações (1919-1926): Vencer ou não Perder*, Porto Alegre/Brasília, Editora da UFRGS, FUNAG, 2000, caps. 3, 4, 5. No prefácio que redigi para este excelente livro, examinei os desdobramentos no tempo e as suas dificuldades, da aspiração brasileira, que remonta a Liga das Nações, de ter um assento permanente no Conselho de Segurança da ONU.

Na sua análise, apontava o qualitativo da ação diplomática, mas reconhecia as realidades da "fraqueza militar" que "nos punha a uma distância mui longa" das "potestades armadas". Nesta situação de "extrema delicadeza" devia o Brasil ter "uma linguagem sua, moderada e circunspecta, mas firme e altiva quando necessário. Tratava-se de achá-la e de a falar naturalmente, com segurança, com calma, com desassombro, com tenacidade. Não era fácil; mas não era impossível"[14].

Giovanni Botero, no seu livro de 1589 sobre a razão-de-estado, ao tratar conceitualmente de potências médias e de suas possibilidades de ação diplomática, aponta que elas teriam como característica não serem tão débeis e por isso tão expostas à violência como as pequenas, e simultaneamente não provocarem, por sua grandeza, a inveja alheia, como as grandes. Além disso, porque os do meio participam dos extremos, têm, em princípio, a sensibilidade para exercitar a virtude aristotélica da equilibrada busca do meio-termo[15]. O meio-termo aristotélico é uma das fórmulas de justiça[16] e pode, por isso mesmo, dependendo das conjunturas diplomáticas, transformar-se num argumento de legitimidade, apto a alcançar uma abrangência generalizadora e interessar aos demais protagonistas da vida mundial. Nestas circunstâncias,

14. Martin Wight, *Power Politics*, pp. 61-67; Carsten Holbraad, "El Papel de las Potencias Medias en la Política Internacional", *Estudios Internacionales*, ano V, n. 17, (enero-marzo) 1972, pp. 53-75; discurso de Ruy Barbosa em Paris, em 31 de outubro de 1907, *loc. cit.,* pp. 130-131.

15. Giovanni Botero, *La Razon de Estado y Otros Escritos* (trad., notas y bibliografía, Luciana de Stefano, sel. y estudo preliminar, Manuel Garcia-Pelayo), Caracas, Universidad Central de Venezuela, 1962, Livro I, 5, pp. 96-97; Livro 2, 5, p. 113.

16. Hans Kelsen, *Il Problema della Giustizia* (a cura di Mario G. Losano), Torino, Einaudi, 1998, pp. 29-31.

a potência média insere-se no que Gelson Fonseca Jr. consideraria um espaço politicamente viável de proposições diplomáticas, permitindo-lhe ser um articulador de consensos[17].

O Brasil tem revelado capacidade de articular consensos. Vem sendo, com freqüência, um *tertius-inter-partes*, mediando posições entre grandes e pequenos no plano multilateral. O *locus standi* para o exercício desse papel – que é o de trabalhar pela "possibilidade de harmonia" – provém do fato de não ser ele um *monster country* assustador, para voltar a Kennan. Não é um *monster country* assustador, em primeiro lugar porque não tem, nas palavras do Chanceler Saraiva Guerreiro, "um excedente de poder, nem excedente de atração cultural, econômica ou política". Por isso precisa construir sua presença internacional com base na confiança, que se expressa pela coerência. Se, pela limitação dos seus meios é uma potência média no sistema internacional, ao mesmo tempo é uma potência média de escala continental, condição que lhe confere, naturalmente, um papel na tessitura da ordem mundial. No exercício deste papel, que tem a ver com a sua escala, não é também um *monster country* assustador porque se comporta, em função de sua História e de sua experiência de inserção no mundo, quer no eixo da simetria, quer no da assimetria, segundo uma leitura grociana da realidade internacional. É este conjunto de fatores que dá ao Brasil, em princípio, a credibilidade do *soft-power* – para falar com Nye

---

17. Gelson Fonseca Jr., *A Legitimidade e Outras Questões Internacionais*, pp. 137-248, p. 358; Celso Lafer, *Paradoxos e Possibilidades – Estudos sobre a Ordem Mundial e sobre a Política Exterior do Brasil num Sistema Internacional em Transformação*, Rio de Janeiro, Nova Fronteira, 1982, pp. 95-148.

– necessária para o exercício da virtude aristotélica da justiça do meio-termo. Para o exercício competente desta virtude também contribui um razoável repertório de compreensão do mundo, que provém tanto de um amplo acervo de relações diplomáticas que o Itamaraty vem construindo e cultivando no correr dos tempos, quanto da vivência de um país com mercados diversificados no campo do comércio e investimentos estrangeiros de múltiplas procedências na economia nacional[18].

Este papel de mediação, no âmbito da diplomacia multilateral, não é um dado; é um desafio de cada conjuntura diplomática. O sucesso ou não diante deste desafio depende da maior ou menor intensidade das tensões e controvérsias existentes no plano internacional, num dado momento. Depende, igualmente, do talento dos delegados que, em foros internacionais e à luz do quadro parlamentar, precisam explorar oportunidades de ação. No plano bilateral elas raramente afloram no eixo assimétrico, porque este é naturalmente propício ao emprego e aplicação do poder. Já o plano multilateral é favorável, como diria Hannah Arendt, para a geração de poder. Com efeito, este pode surgir quando existe um espaço para a capacidade de iniciativas, aptas a terem conseqüências quando um grupo concorda com um curso comum de ação[19]. A

18. Conferência do Chanceler Saraiva Guerreiro na Escola Superior de Guerra no Rio de Janeiro em 3 de setembro de 1982, *Resenha da Política Exterior do Brasil*, n. 34, (jul./ago./set.) 1982, pp. 80, 81, 82; Joseph Nye, Jr., *Bound to Lead – the Changing Nature of American Power*, N. York, Basic Books, 1990, cap. 6; Norberto Bobbio, *Teoria Generale della Politica*, Torino, Einaudi, 1999, pp. 499-502; Gelson Fonseca Jr., *A Legitimidade e Outras Questões Internacionais*, pp. 355-359.

19. Hannah Arendt, *The Human Condition*, Chicago, Chicago University Press, 1958, V, Action.

diplomacia brasileira vem exercitando o potencial de geração de poder, inerente ao papel de *soft-power* no plano internacional, com o objetivo de assegurar espaço para a defesa dos interesses nacionais. O exercício deste papel gerador de *soft-power* é, assim, um componente da nossa identidade internacional voltado para o tema da estratificação internacional, que vem sendo construído no correr do século XX, com as oportunidades criadas pela ampliação do multilateralismo na vida mundial.

O paradigma que inaugura esta modalidade de atuação pode ser exemplificado pelo papel desempenhado por Raul Fernandes nos trabalhos de organização da Corte Permanente de Justiça Internacional, órgão jurídico criado pelo sistema da Liga das Nações. É de autoria dele a fórmula da cláusula facultativa de jurisdição obrigatória, até hoje vigente na Corte Internacional de Justiça, sucessora, no sistema das Nações Unidas, da Corte da Liga. Esta cláusula tornou possível, mediante declaração soberana dos estados, a jurisdição obrigatória da Corte, incondicionalmente ou sob condição de reciprocidade. Desta maneira, preservou-se o princípio da igualdade jurídica de todos os estados, ressalvando-se, na prática, os interesses de todos – grandes ou pequenos. A fórmula encontrada por Raul Fernandes é um exemplo do construtivo papel de mediação que teve o Brasil para deslindar o impasse entre as grandes potências, membros permanentes do Conselho, e as potências menores, em maioria na Assembléia da Liga[20].

20. Raul Fernandes, "Le principe de l'egalité juridique des etats dans l'activité internationale de l'après guerre (1921)" em Raul Fernandes – *Nonagésimo Aniversário*, vol. I – *Conferências e Trabalhos Esparsos*, Rio de Janeiro, Ministério das Relações Exteriores, 1967, pp. 165-186; Antonio Gontijo de Carvalho, *Raul Fernandes –*

O papel deste componente da identidade internacional brasileira tem-se ajustado às possibilidades e às variáveis oferecidas pelas circunstâncias internas e externas. Na década de 1990 foi ele um dado relevante, no campo econômico, na conclusão da Rodada Uruguai do GATT, que levou à criação da OMC. No campo dos valores estava presente no bem sucedido encaminhamento da Conferência de Viena de 1993, sobre Direitos Humanos. Esta ensejou não só um reconhecimento internacional de universalidade, indivisibilidade, interdependência e inter-relacionamento das várias gerações de Direitos Humanos (direitos civis e políticos; direitos econômicos e sociais; direitos de titularidade coletiva), como também a legitimidade do interesse internacional com a sua promoção e proteção. Sobre o exercício deste papel de *tertius-inter-partes* permito-me dar o testemunho da minha experiência pessoal como Chanceler, em 1992, no trato e encaminhamento da Conferência da ONU sobre Meio-Ambiente e Desenvolvimento, realizada no Rio de Janeiro. O Brasil, como país de contrastes, como um "Outro Ocidente", com inserção no Terceiro Mundo, vive tanto os problemas de meio-ambiente derivados da pobreza, quanto os da produção industrial moderna. Por isso pôde contribuir para trabalhar a idéia de desenvolvimento sustentável como idéia heurística, que relegitimou conceitualmente o tema do desenvolvimento dentro de uma visão de "tema global", reposicionando sob o signo

---

Um Servidor do Brasil, Rio de Janeiro, Agir, 1956, pp. 159-174; Eugenio Vargas Garcia, *O Brasil e a Liga das Nações (1919-1926)*, cap. II; Celso Lafer, "A Condição da Reciprocidade na Cláusula Facultativa de Jurisdição Obrigatória da Corte Internacional de Justiça", *Revista de Direito Público*, ano 1, vol. 3, (jan./mar.) 1968, pp. 195-208.

da cooperação esses aspectos das relações Norte/Sul, no mundo pós-Guerra Fria[21].

Um último exemplo, para arrematar esta linha de raciocínio que diz respeito à "duração longa" da diplomacia brasileira no eixo assimétrico, é o sentido da nossa participação no foro da governança progressiva, seja na primeira reunião realizada em Florença, em novembro de 1999, seja na segunda que ocorreu em Berlim, em junho de 2000. O formato deste foro é o de um espaço para livre troca de idéias entre chefes de estado e de governo, representativos do que pode ser qualificado de "nova centro-esquerda", que por sua vez é um esforço de lidar, simultaneamente, com a equidade social e a eficiência econômica nas atuais condições do processo de globalização.

Na reunião de Florença, à qual compareceram Blair (Grã-Bretanha), Clinton (EUA), Jospin (França), D'Alema (Itália) e Schroeder (Alemanha), Fernando Henrique Cardoso foi a única presença de um país em desenvolvimento. Em Florença, o presidente brasileiro apontou que, numa era de globalização, "impõe-se o enfoque progressista também no plano internacional", pois existe um déficit de governança no plano mundial. Este déficit, que tem a sua raiz numa economia mundial sem governo mundial,

---

21. Rubens Ricupero, *Visões do Brasil*, pp. 300-321; Luiz Felipe Lampreia, *Diplomacia Brasileira, Palavras, Contextos, Razões*, pp. 263-273; Celso Lafer, *A OMC e a Regulamentação do Comércio Internacional*, *passim*; Gilberto Vergne Sabóia, "Um Improvável Consenso: A Conferência Mundial de Direitos Humanos e o Brasil", *Política Externa*, vol. 2, n. 3, (dez.) 1993, pp. 3-18; J. A. Lindgren Alves, *Os Direitos Humanos como Tema Global*, São Paulo, Perspectiva, 1994, *passim*; Celso Lafer, *Desafios: Ética e Política*, São Paulo, Siciliano, 1995, pp. 181-198, pp. 201-243; *A Inserção Internacional do Brasil – a Gestão do Ministro Celso Lafer no Itamaraty*, pp. 295-304, 309-312, 323-344, 357-365.

coloca dois desafios essenciais: "(i) *a correção das assimetrias* de ganhos e vantagens que ainda caracterizam o sistema internacional; e (ii) elaboração de políticas voltadas para a construção de uma *globalização solidária*". Daí a importância do aprimoramento de ordem internacional no plano financeiro e no plano comercial e o imperativo de "assegurar adequada relação entre a lógica do mercado internacional e as necessidades sociais internas de cada país". Em Florença, o Brasil fez "ouvir entre os ricos a voz dos pobres", e o seu objetivo, lastreado no *locus standi* de uma potência média de escala continental, foi o de trabalhar a inserção na agenda internacional, dos sérios problemas derivados do "fundamentalismo do mercado"[22].

A reunião de Berlim foi mais ampla. Dela participaram 14 lideranças sendo 4 de países em desenvolvimento, entre eles cabendo mencionar o presidente Fernando de La Rúa da Argentina, nosso país parceiro do Mercosul. Berlim, com a ativa participação do presidente brasileiro, deu seqüência a este processo voltado para recolocar em termos atualizados a importância de um tratamento coletivo dos grandes problemas internacionais, que foi uma das aspirações contempladas no diálogo Norte-Sul das décadas de 1960 e 1970[23].

---

22. Fernando Henrique Cardoso, "O Modo Progressista de Governar" e apresentação à *Globalização e Governo Progressista – Novos Caminhos – Reunião de Florença – 1999*, org. de Lúcio Alcântara, Vilmar Faria e Carlos H. Candim, Brasília, Instituto Teotonio Vilela, 2000, p. 10, 196, 197, 199, 200. Neste mesmo volume, ver Lúcio Alcântara, *A Reunião de Florença*, pp. 211-215 e Luis Carlos Bresser Pereira, *A Nova Centro-Esquerda*, pp. 277-288.

23. Roberto Abdenur, "Governança Progressiva e Papel do Estado; Considerações sobre o 'Comunicado de Berlim'", *Política Externa*, vol. 9, n. 2 (set./out./nov.) 2000, pp. 98-103.

Este processo, em Florença e Berlim, se coloca no campo dos valores. O campo dos valores diz respeito às afinidades ou dissonâncias que resultam das distintas formas de conceber a vida em sociedade. Ele é relevante, pois a conduta dos distintos protagonistas da vida internacional não é apenas comandada pelas relações de força e dos interesses militares ou econômicos. Com efeito, idéias, sentimentos, percepção também influenciam as decisões no sistema internacional. São mapas do conhecimento e da sensibilidade nos quais está presente o poder qualitativo e organizador do saber, necessário para dar as razões de uma ação coletiva, que no plano internacional, requer a força de persuasão[24]. Daí o sentido, em Florença e Berlim, da linguagem do Brasil que ecoa a *vis directiva* inaugurada em Haia em 1907.

---

24. Judith Goldstein and Robert O. Keohane, "Ideas and Foreign Policy: An Analytical Framework", em *Ideas and Foreign Policy – Beliefs, Institutions and Political Change,* ed. by Judith Goldstein and Robert Keohane, Ithaca, Cornell University Press, 1993, pp. 3-30; Norberto Bobbio, *Il Dubbio e la Scelta – Intelletuali e Potere nelle Societa Contemporanea,* Roma, La Nuova Italia Scientifica, 1993.

Capítulo V

A BUSCA DO DESENVOLVIMENTO DO ESPAÇO NACIONAL: O NACIONALISMO DE FINS E A DIPLOMACIA DA INSERÇÃO CONTROLADA NO MUNDO

O desenvolvimento do espaço nacional, como nota singularizadora da política externa brasileira pós-Rio Branco, viu-se permeado, nas suas formulações, por análises e reflexões feitas no plano interno, no correr do século XX, sobre a identidade nacional. Estas foram, em parte, induzidas pelo tema da estratificação internacional, ou seja, pela percepção do Outro, derivada das assimetrias de poder entre as nações. A nota forte, no entanto, foi dada pela discussão do contraste entre o potencial e as realidades de um país de escala continental, como é o Brasil. É neste contexto que cabe examinar, na construção da sua identidade internacional, o papel do nacionalismo. Este, na linha de um dos sentidos da História brasileira, tem a característica de ser voltado para a integração interna do grande espaço nacional. Não é, portanto, como outros, um nacionalismo expansionista.

Dizia neste sentido com clareza Rio Branco em discurso pronunciado no Rio de Janeiro em 1905, por ocasião do III Congresso Científico Latino Americano:

> [...] a Nação brasileira só ambiciona engrandecer-se pelas obras fecundas da paz, com os seus próprios elementos, dentro das fronteiras em que se fala a língua dos seus maiores, e quer vir a ser forte entre vizinhos grandes e fortes, por honra de todos nós e por segurança do nosso continente que talvez outros possam vir a julgar menos ocupado.
>
> É indispensável, [continuava ele] que antes de meio século, quatro ou cinco, pelos menos das maiores nações da América Latina, por nobre emulação, cheguem, como a nossa grande e querida irmã do Norte, a competir em recursos com os mais poderosos Estados do mundo[1].

Na sua análise deste discurso, aponta Rubens Ricupero, que o sentido de direção que norteava a visão do futuro de Rio Branco é o desenvolvimento como meio de reduzir o diferencial do poder, responsável pela vulnerabilidade sul-americana. Esta redução da vulnerabilidade traria um mais apropriado equilíbrio internacional, desejável em relação às grandes potências européias, aos Estados Unidos e igualmente aplicável no que diz respeito ao Brasil que "quer vir a ser forte entre vizinhos grandes e fortes". A estrada a ser percorrida neste sentido não deveria ser a da expansão para fora, mas a do esforço interno, como recomendava o próprio Rio Branco em discurso proferido em 20 de abril de 1909, ao falar do "trabalho de anos, e muitos anos, pela nobre e fecunda emulação no caminho de todos os progressos morais e materiais". É este trabalho que permitirá ao Brasil e aos países da América Latina "igualar em poder e riqueza a

1. *Obras do Barão do Rio Branco*, vol. IX, *Discursos*, pp. 76-77.

nossa grande irmã do Norte e as mais adiantadas nações da Europa". Neste mesmo discurso de 1909, apontou os riscos da "loucura das hegemonias" e do "delírio das grandezas pela prepotência" e afirmou:

> [...] estou persuadido de que nosso Brasil do futuro há de continuar invariavelmente a confiar acima de tudo na força do Direito e do bom senso, e como hoje, pela sua cordura, desinteresse e amor da justiça, procurar merecer a consideração e o afeto de todos os povos vizinhos, em cuja vida interna se absterá sempre de intervir[2].

Como se depreende do texto acima, a visão de futuro preconizada por Rio Branco baseava-se, no plano externo, numa ação diplomática a ser implementada segundo uma conduta lastreada na leitura grociana da realidade internacional. De que maneira o nacionalismo, na experiência histórica do nosso país, foi dando conteúdo concreto, no século XX, a tal visão do futuro?

O nacionalismo em geral é um termo que comporta múltiplos significados. Tem para países em formação uma vertente defensiva que provém das assimetrias da estratificação da vida internacional. É o que diz Pontes de Miranda na sua colaboração para o livro de 1924, *À Margem da História da República*, organizado por Vicente Licinio Cardoso com a idéia de passar em revista os problemas do país, no clima crítico do balanço do centenário da Independência. Na análise sobre os "Preliminares para a Revisão Constitucional", afirma Pontes Miranda, num primeiro momento, que, a despeito das descontinuidades e das diferenças econômicas e sociais existentes no país, a unidade nacional "é o nosso motivo

---

2. *Obras do Barão do Rio Branco*, vol. IX, *Discursos*, pp. 190-191; Rubens Ricupero, *Rio Branco, o Brasil no Mundo*, pp. 61-62.

único de justo orgulho e o único título de verdade que poderemos atirar por sobre a mesa, quando tivermos de invocar perante os povos o nosso direito à existência e a presunção de que somos mais capazes". Mais adiante, ao discutir a pergunta que ele mesmo se coloca – Devemos ser nacionalistas? – ao tratar do socialismo e depois de dizer que "o socialismo dos proletários dos povos exploradores pode ser universalista e não patriótico", afirma: "Enquanto existir a opressão econômica e política entre Estados, entre nações, o socialismo dos oprimidos tem de ser nacionalista"[3].

Assim, no caso do Brasil, resumindo o que é uma discussão de variadas facetas, creio que se pode dizer, na esteira de Antonio Cândido, que cita aliás o texto de Pontes de Miranda, que, se há no nacionalismo brasileiro uma vertente mais ingênua, da exaltação patriótica do potencial de um país novo e de futuro – do que o exemplo inaugural, é o livro de 1900 de Afonso Celso, *Porque me Ufano do Meu País* – há também uma vertente mais profunda, de uma avaliação mais dura e realista das deficiências do país. Esta avaliação tem suas raízes nos "clássicos" das ciências sociais dos anos 30 (Gilberto Freyre, Sérgio Buarque de Holanda, Caio Prado Jr.) e nos seus sucessores nas décadas subseqüentes (por exemplo: Celso Furtado, Raymundo Faoro, Florestan Fernandes) que procuraram interpretar o Brasil. Daí a base de uma importante produção acadêmica que, com distintos enfoques metodológicos e orientações políticas, voltou-se para explicar quais as "falhas" na formação do país. Neste sen-

---

3. Pontes de Miranda, "Preliminares para a Revisão Constitucional", em Vicente Licinio Cardoso (org.), *À Margem da História da República*, 2ª ed., introd. de Alberto Venâncio Filho, tomo II, Brasília, Editora da Universidade de Brasília, 1981, p. 5 e p. 12.

tido, a Revolução de 1930, que é na história brasileira do século XX um divisor de águas político, econômico e cultural, assinalou uma mudança generalizada de perspectiva. Esta levou ao aprofundamento crítico do nacionalismo brasileiro ao trazer à tona a noção do Brasil como país subdesenvolvido[4].

A conseqüência deste processo de tomada de consciência veio a ser a percepção de que a construção da nacionalidade, no século XX, requereria um projeto que por uma ação sistemática superasse as "falhas" de formação, nelas incluídas o problema da exclusão social. Daí a idéia-força de um nacionalismo integrador do espaço nacional, baseado no desenvolvimento. Este resultaria de um nacionalismo de fins, que Hélio Jaguaribe, na sua importante reflexão analítica sobre o significado do nacionalismo no Brasil, formulou nos seguintes termos: "O nacionalismo não é imposição de nossas peculiaridades, nem simples expressão de características nacionais. É, ao contrário, um meio para atingir um fim: o desenvolvimento"[5].

Do contexto norteador desta reflexão vai-se nutrir com nitidez, a partir dos anos 30, a política exterior e a

4. Antonio Candido, *Vários Escritos,* 3ª ed., revista e ampliada, São Paulo, Duas Cidades, 1995, pp. 293-305; Antonio Candido, *A Educação Pela Noite e Outros Ensaios*, São Paulo, Ática, 1987, pp. 140-162, pp. 181-198; Antonio Candido, *Teresina etc.*, São Paulo, Paz e Terra, 1980, pp. 135-152; Dante Moreira Leite, *O Caráter Nacional Brasileiro, História de uma Ideologia*, São Paulo, Pioneira, 1969; Carlos Guilherme Mota, *Ideologia da Cultura Brasileira*, 3ª ed. (1933-1974), São Paulo, Ática, 1977; Mário Vieira de Mello, *Desenvolvimento e Cultura. O Problema do Estetismo no Brasil*, São Paulo, Nacional, 1963; Gelson Fonseca Jr., *A Legitimidade e Outras Questões Internacionais*, pp. 251-291.

5. Hélio Jaguaribe, *O Nacionalismo na Atualidade Brasileira*, Rio de Janeiro, ISEB, 1958, p. 52.

ação diplomática do Brasil, que têm duas linhas mestras. A primeira é a de cultivar o espaço de autonomia, ou seja, o zelo, nas palavras do Chanceler Horácio Lafer, em 1959, "de preservar a liberdade de interpretar a realidade do país e de encontrar soluções brasileiras para os problemas brasileiros"[6]. A segunda é o empenho na identificação de quais os recursos externos que, em distintas conjunturas internacionais, podem ser mobilizados para atender ao imperativo interno do desafio do desenvolvimento, uma vez que, nas palavras do mesmo Chanceler em 1960, na OEA: "Vemos em todos os quadrantes do mundo que a luta contra o subdesenvolvimento econômico é a palavra de ordem, a razão última das composições políticas e das reivindicações populares"[7].

Na lógica diplomática brasileira de um nacionalismo de fins, no período que se estende até o final da década de 1980, estas linhas mestras se traduziram em trabalhar as modalidades possíveis de uma integração controlada na economia mundial, mobilizando recursos para aprofundar o processo de substituição de importações, que associava mercado interno e intervencionismo estatal, com o objetivo de promover a industrialização e o desenvolvimento. Traduziu-se, também, num esforço de construir o espaço da autonomia nacional por um moderado e relativo distanciamento – maior ou menor, dependendo das condições de permissibilidade, para re-

6. Horácio Lafer, "Discurso de posse no Ministério das Relações Exteriores", em 4 de agosto de 1959, em *Gestão do Ministro Lafer na Pasta das Relações Exteriores* (de 4 de agosto de 1959 a 31 de janeiro de 1961), Ministério das Relações Exteriores/Departamento de Imprensa Nacional, 1961, p. 83.

7. Horácio Lafer, "Discurso no Conselho da OEA", *Revista Brasileira de Política Internacional*, ano III , n. 10 (junho de 1960), p. 125.

correr à terminologia de Hélio Jaguaribe, dadas pela dinâmica da política mundial[8] – em relação aos pólos de poder do eixo assimétrico das interações internacionais do Brasil. Este comportamento diplomático, foi viabilizado tanto pela escala continental quanto pelo fato de o país não ter estado na linha de frente das tensões prevalecentes no centro do sistema internacional.

O zelo em preservar espaço de autonomia tem, na diplomacia do Império, um antecedente exemplar na oposição à renovação dos tratados de comércio celebrados, *inter alia*, com a Inglaterra, França e Áustria. Estes tratados, que se inseriam no eixo assimétrico das relações internacionais do Brasil, foram negociados entre 1826 e 1829, nas difíceis condições dos anos iniciais da Independência. Limitavam a tarifa aduaneira, concediam preferências comerciais e, no caso da Inglaterra, contemplavam também a figura de um juiz conservador da nação inglesa, o que representava empecilho à plena afirmação da competência jurisdicional do Estado brasileiro. A firme oposição interna à renovação desses tratados, com destaque para a ação do Legislativo, levou na década de 1840 ao seu término e à subseqüente política da diplomacia do Império de rejeitar sistematicamente acordos deste tipo com nações de economias mais poderosas. Assim, o país recobrou liberdade de movimentos, para conduzir suas políticas públicas, a começar pela afirmação de sua independência tributária, pois a receita de im-

8. Hélio Jaguaribe, *Novo Cenário Internacional: Conjunto de Estudos*, Rio de Janeiro: Guanabara, 1986, pp. 33-82; Gelson Fonseca Jr., "Relendo um Conceito de Jaguaribe: A Permissibilidade no Sistema Internacional", em *Estudos em Homenagem a Hélio Jaguaribe*, org. de Alberto Venâncio Filho, Israel Klabin, Vicente Barreto, São Paulo, Paz e Terra, 2000, pp. 93-103.

portação era, na época, a principal fonte de arrecadação. Neste sentido, Alves Branco em 1844 elevou as tarifas de 15% para uma regra geral de 30% *ad-valorem*, contribuindo igualmente para favorecer o primeiro surto de industrialização no Brasil[9].

Nos antecedentes da postura diplomática da autonomia pela distância possível, também vale a pena lembrar, como fez José Honório Rodrigues, o significado da posição de Domicio da Gama – discípulo de Rio Branco – quando Embaixador do Brasil em Washington. Em telegrama de 24 de fevereiro de 1913 ao então Chanceler Lauro Müller, que pretendia "sempre marchar de acordo" com os Estados Unidos, Domicio da Gama propunha

[...] que aos Estados Unidos não dê o Brasil maiores provas de consideração do que dele receber, que nos coloquemos em postura de retribuir e não de adiantar, já que o açodamento só serviria para nos desprestigiar, como a outros acontece[10].

Foi neste espírito que o esforço para traduzir necessidades internas em possibilidades externas, ampliando o poder de controle do país sobre o seu destino, na lógica diplomática de um nacionalismo de fins, teve nas diversas fases do primeiro governo de Getúlio Vargas (1930-

9. J. Pandiá Calógeras, *A Política Exterior do Império*, vol. III – *Da Regência à Queda de Rosas*, 2ª ed., Brasília, Fundação Alexandre de Gusmão, Câmara dos Deputados, Nacional, 1989, pp. 371-383; Amado Luiz Cervo e Clodoaldo Bueno, *História da Política Exterior do Brasil*, pp. 59-71; Nícia Vilela Luz, *A Luta pela Industrialização do Brasil*, São Paulo, Difusão Européia do Livro, 1961, cap. I; Amado Luiz Cervo, *O Parlamento Brasileiro e as Relações Exteriores (1826-1889)*, Brasília, Editora da Universidade de Brasília, 1981, pp. 20-29.

10. José Honório Rodrigues, *Interesse Nacional e Política Externa*, Rio de Janeiro, Civilização Brasileira, 1966, p. 56.

1945) o seu significativo paradigma inaugural. Neste período, iniciado sob o impacto da crise de 1929, que interrompeu os fluxos de capital e provocou a queda dos preços do café, na época o principal produto de exportação do país, o primeiro problema passou a ser conseguir divisas para atender ao comércio exterior e aos compromissos financeiros. Em função destes imperativos, o governo explorou as brechas existentes no sistema internacional através de uma eqüidistância pragmática em relação às grandes potências. Buscou créditos de curto prazo na Inglaterra; renegociou compromissos financeiros internacionais do país; celebrou, em 1935, um tratado bilateral de comércio com os EUA, mantendo ao mesmo tempo, apesar da oposição norte-americana, o intenso comércio compensado com a Alemanha. Numa conjuntura não apenas economicamente difícil, mas cada vez mais tensa politicamente, marcada pelo confronto interno e externo das lutas ideológicas e da rivalidade belicosa entre as grandes potências, que levaram à Segunda Guerra Mundial, Vargas jogou diplomaticamente com o potencial da importância estratégica do país para mobilizar recursos externos a fim de atender a necessidades internas.

Gerson Moura mostra que a eclosão da guerra levou a eqüidistância pragmática a transformar-se em efetivo alinhamento com os Estados Unidos, em obediência a um dado da realidade, isto é, o peso e a importância daquele país no contexto interamericano, fato de que Getúlio Vargas tinha muita consciência, e daí o cuidado com o qual cultivou o relacionamento com Roosevelt. Representou, também, no âmbito interno do governo Vargas, o sucesso da ala liderada pelo Chanceler Oswaldo Aranha, que com empenho e talento advogava a causa dos aliados. Este alinhamento foi, no entanto, negociado à luz da lógica diplomática de um nacionalismo de fins, tendo como lastro o que o país podia oferecer para a condução da guerra, ou seja, matérias-primas essenciais e bases no Nordeste, importantes para a guerra na África. Esta negociação expressa-se em dois planos complementares: o econômico e o estratégico-militar[11].

No plano econômico, o objetivo do governo Vargas foi o de promover a industrialização e o desenvolvimento do país, através de uma inserção controlada na economia mundial, compatível, diga-se de passagem, com o que ocorria no resto do mundo.

A ilustração, por excelência, deste objetivo é o financiamento que depois de muitas tratativas foi obtido dos EUA para a implantação da siderurgia no Brasil. Na entrada de 31 de maio de 1940, Getúlio registrou em seu Diário, nos seguintes termos, este sucesso diplomático, que é exemplar para esclarecer o significado do nacionalismo de fins:

11.Gerson Moura, *Autonomia na Dependência*, Rio de Janeiro, Nova Fronteira, 1980; Gerson Moura, *Sucessos e Ilusões – Relações Internacionais do Brasil Durante e Após a Segunda Guerra Mundial*, Rio de Janeiro, Editora da Fundação Getúlio Vargas, 1991; Maria Celina Soares d' Araújo e Gerson Moura, "O Tratado Comercial Brasil-Estados Unidos e os Interesses Industriais Brasileiros", *Revista Ciência Política*, 21, (jan./mar.) 1978, pp. 55-73; Marcelo de Paiva Abreu, *O Brasil e a Economia Mundial – 1930-1945*, Rio de Janeiro, Civilização Brasileira, 1999; Roberto Gambini, *O Duplo Jogo de Vargas*, São Paulo, Símbolo, 1977; Ricardo Antonio Silva Seitenfus, *O Brasil de Getúlio Vargas e a Formação dos Blocos: 1930-1942*, São Paulo, Nacional, 1985; Stanley E. Hilton, *Brazil and the Great Powers, 1930-1939 – The Politics of Trade Rivalry*, Austin, University of Texas Press, 1975; Frank D. Mc Cann Jr., *The Brazilian – American Alliance*, 1937-1945, Princeton, Princeton University Press, 1973; João Hermes Pereira de Araújo, "Oswaldo Aranha e a Diplomacia", *op. cit.*; Stanley Hilton, *Oswaldo Aranha – Uma Biografia*, Rio de Janeiro, Objetiva, 1994.

Pouco antes de recolher-me, recebi um cifrado do nosso embaixador em Washington informando que o governo americano (estava) pronto a financiar nosso programa siderúrgico. Foi uma notícia feliz que me encheu de satisfação. É um novo teor de vida para o Brasil: a riqueza e o poder[12].

No plano estratégico-militar, o objetivo foi promover o reequipamento das forças armadas e obter o apropriado apoio dos Estados Unidos à decisão brasileira de participar efetivamente da guerra, através do envio da Força Expedicionária ao teatro de operações na Europa. Esta decisão deu ao Brasil, no pós-Segunda Guerra Mundial – em contraste, por exemplo, com a Argentina de Perón, – o *locus standi* e a confiabilidade de um país realmente alinhado com os vencedores, que a seguir construíram a nova ordem mundial.

A bipolaridade rígida da Guerra Fria e as prioridades norte-americanas na reconstrução da Europa (Plano Marshall) tornaram, no governo Dutra, o *locus standi* do alinhamento do Brasil aos EUA um alinhamento com poucas recompensas para a lógica diplomática do nacionalismo de fins. O alinhamento político com os Estados Unidos não impediu, no entanto – e vale ressaltar este ponto – que, no âmbito do multilateralismo econômico que então começava a consolidar-se, a diplomacia brasileira afirmasse a especificidade dos interesses do país na promoção do desenvolvimento econômico e da industrialização. É o que se verifica no histórico das negociações da Carta de Havana, voltadas para a criação da malograda Organização Internacional do Comércio, cujo subproduto se cingiu ao GATT[13].

12. Getúlio Vargas, *Diário*, vol. II, p. 316.
13. Gerson Moura, *O Alinhamento sem Recompensa – a Política Externa do Governo Dutra*, Rio de Janeiro, CPDOC/FGV, 1990;

As escassas margens de manobra no plano internacional (Guerra da Coréia), que caracterizaram o segundo governo Vargas (1951-1954), também limitaram, no plano externo, o pragmatismo diplomático desse tipo de nacionalismo. Isto não impediu o prosseguimento de uma inserção controlada na economia mundial, para levar adiante o processo de substituição de importações e a discussão no âmbito internacional da problemática do desenvolvimento[14].

João Neves de Fontoura, que foi o primeiro Chanceler do 2º governo Vargas e que endossava, no plano político a relevância do conflito Leste/Oeste e o apoio do Brasil à causa do Ocidente, exprimiu no seu discurso de 1952 na Assembléia Geral da ONU, com clareza, a prioridade a ser dada, na perspectiva brasileira, ao desenvolvimento no contexto de um mundo que se estava dividindo, nas suas palavras, entre "um pequeno número de comunidades prósperas" e "um vasto proletariado internacional". E dizia:

> Estou convencido, contudo, de que nossos maiores problemas são os econômicos, e que precisamos aqui é de uma política dinâmica, capaz de satisfazer as necessidades que surgem em muitos países como resultado de seu crescimento.

Paulo Roberto de Almeida, "A Diplomacia do Liberalismo Econômico", em José Augusto Guilhon de Albuquerque (org.), *Sessenta Anos de Política Externa Brasileira (1930-1990)*, vol. I; *Crescimento, Modernização e Política Externa*, São Paulo, Cultura Editores Associados/Núcleo de Pesquisa de Relações Internacionais da USP, 1996, pp. 188-193.

14. Monica Hirst, "A Política Externa do Segundo Governo Vargas", em José Augusto Guilhon de Albuquerque (org.), *Sessenta Anos de Política Externa Brasileira (1930-1990)*, vol. I; *Crescimento, Modernização e Política Externa*, pp. 211-230.

Por isso afirmava mais adiante:

Passos imediatos têm que ser dados para se traçar um amplo programa de ação que beneficie os países subdesenvolvidos e aqueles que ainda não chegaram nem a um nível econômico que assegure a mera subsistência[15].

As fissuras do sistema internacional (Bandung, Suez, Revolução Húngara) abriram espaço para a política exterior brasileira exercitar de maneira mais desenvolta o nacionalismo de fins no estilo grociano de sua conduta diplomática. É neste contexto que se insere a Operação Pan-Americana (OPA).

A OPA foi uma inovadora afirmação de diplomacia presidencial. Por meio dela, Juscelino Kubitschek (1956-1961) articulou no âmbito do sistema interamericano o imperativo do desenvolvimento como condição de sustentação da democracia, da solidariedade e da paz. Tal articulação efetivou-se por meio de uma iniciativa política que teve como ponto de partida a oportunidade criada pelas hostilidades que marcaram a passagem do Vice-Presidente norte-americano Richard Nixon, em 1958, por Lima e Caracas.

A OPA teve a dimensão simbólica, no plano dos valores, de colocar inequivocamente a diplomacia brasileira a serviço do desenvolvimento de forma muito convergente com o sentido de direção que norteou a presidência de Juscelino Kubitschek ("50 anos em 5"). Neste plano, ela muito deve à intuição de um dos seus grandes inspiradores, Augusto Frederico Schmidt, que afirmou

15. *A Palavra do Brasil nas Nações Unidas.* Discurso do Ministro João Neves de Fontoura na VII Sessão Ordinária da A. G. (14 out. 1952), pp. 55-56.

no seu discurso de 1959 como chefe da delegação brasileira à XIV Assembléia Geral da ONU:

> [...] o Brasil acrescenta hoje, com caráter prioritário, à política de colaboração internacional para o desenvolvimento, que é a política do futuro, a política da esperança. Estamos profundamente convencidos de que – como afirmou o Chefe da Nação brasileira – a inércia diante do problema da miséria, da doença, da ignorância, num mundo que tem à sua disposição recursos científicos e técnicos nunca dantes sonhados, constitui um crime contra o espírito, um atentado aos nossos pretendidos foros de civilização, uma imperdoável ofensa moral e uma imprudência política de incalculáveis conseqüências para a paz do mundo. Que essa advertência seja ouvida enquanto for tempo[16].

A OPA teve ao mesmo tempo uma dimensão técnica voltada para o aprofundamento da visão multilateral dos problemas econômicos do desenvolvimento. Entre eles estava a da mobilização de recursos para o seu financiamento. Daí a importância neste contexto da criação do BID – Banco Interamericano de Desenvolvimento – que teve na OPA uma das suas principais bases de materialização[17].

16. *A Palavra do Brasil nas Nações Unidas*, Discurso do Embaixador Augusto Frederico Schmidt na XIV Sessão Ordinária da A. G. (14 set. 1959), p. 157.

17. "Operação Pan-Americana", *Documentário VI* (Relatório Cleantho Paiva Leite), Rio de Janeiro, Presidência da República, 1960. Sobre a política externa no governo JK, ver Ricardo Wahrendorf Caldas, *A Política Externa do Governo Kubitschek*, Brasília, Thesaurus, 1966; Gerson Moura, "Avanços e Recuos: a Política Exterior de JK", em Angela de Castro Gomes (org.), *O Brasil de JK*, Rio de Janeiro, Editora da Fundação Getúlio Vargas/CPDOC, 1991, pp. 23-43; Alexandra de Mello e Silva, *A Política Externa de JK: Operação Pan-Americana*, Rio de Janeiro, CPDOC/FGV, 1992; Paulo Tarso Flecha de Lima, "A Diplomacia, Celso de Souza e Silva, A OPA" em *JK, O Estadista do Desenvolvimento*, coord. Afonso Heliodoro dos Santos e Maria Helena Alves, Brasília, Memorial JK/ Senado Federal, 1991, pp. 273-286; 289-297.

As condições de permissibilidade do sistema internacional e os dados internos permitiram esforços de universalização da Operação Pan-Americana por meio da política externa independente dos Presidentes Jânio Quadros (1961) e João Goulart (1961-1964), na qual tiveram papel de destaque os Chanceleres Afonso Arinos e San Tiago Dantas[18].

A universalização no campo político buscou diversificar os relacionamentos diplomáticos com o objetivo de ampliar o espaço da autonomia. Daí um trabalho de aproximação com os países africanos e asiáticos, na onda do processo de descolonização, e o significado do restabelecimento, em 1961, das relações diplomáticas com a União Soviética, rompidas no governo Dutra (1947), e antecedidas pelo reatamento das relações comerciais no final do governo Kubitschek.

No campo econômico, no período da política externa independente, a agenda diplomática brasileira universalizou-se, valendo-se das teses da CEPAL sobre a dete-

---

18. Braz José de Araújo, "A Política Externa no Governo de Jânio Quadros", em José Augusto Guilhon de Albuquerque (org.), *Sessenta Anos de Política Externa Brasileira,* vol. I; *Crescimento, Modernização e Política Externa,* pp. 253-281; Rodrigo Amado, "A Política Externa de João Goulart", *idem, ibidem,* pp. 283-287; Gelson Fonseca Jr., *A Legitimidade e Outras Questões Internacionais,* pp. 293-352; Paulo G. F. Vizentini, *Relações Internacionais e Desenvolvimento, O Nacionalismo e a Política Externa Independente 1951-1964,* Petrópolis, Vozes, 1995; Celso Lafer e Felix Peña, *Argentina e Brasil no Sistema de Relações Internacionais,* pp. 88-126; San Tiago Dantas, *Política Externa Independente,* Rio de Janeiro, Civilização Brasileira, 1962; Aspásia Camargo, Maria Clara Mariani, Maria Tereza Teixeira, *O Intelectual e a Política: Encontros com Afonso Arinos,* Brasília, Senado Federal, Rio de Janeiro, CPDOC/FGV, 1983, pp. 161-188.

rioração dos termos de troca dos produtos primários. Renovada ênfase foi dada às dificuldades do comércio exterior do país e do que isto significava para os problemas da geração de recursos cambiais para o desenvolvimento interno. Estas dificuldades ("o estrangulamento cambial") estavam centradas no valor econômico de uma pauta de exportações concentrada em café e também em cacau e açúcar. Daí a importância da exitosa negociação do Acordo Internacional do Café de 1962, que reunia países produtores em desenvolvimento e países consumidores desenvolvidos e que criou uma disciplina jurídica mundial para o café, que associava mercado e intervenção (quotas), para manter um apropriado equilíbrio de preços. Na mesma linha, porém com escopo mais amplo, está o papel do Brasil na articulação diplomática que levou à criação em 1964 da Conferência das Nações Unidas sobre Comércio e Desenvolvimento (UNCTAD) como uma organização internacional voltada para a vinculação entre comércio internacional e desenvolvimento. O significado desta articulação e o que ela representou como adensamento da capacidade técnica dos países em desenvolvimento na identificação dos seus problemas e na busca de soluções específicas foi uma das tônicas do pronunciamento do Chanceler Araújo Castro em 24 de março de 1964, em Genebra, na quarta sessão plenária da Conferência dos Países em Desenvolvimento. Daí no âmbito da UNCTAD a defesa da tese de acesso a mercados, sem o tipo de reciprocidade prevista no GATT, através de um sistema de preferências a ser concedido pelos países desenvolvidos aos produtos exportados pelos países em desenvolvimento. Daí também a irradiação no tempo do conceito de "tratamento especial e diferenciado" como uma categoria do direito do desenvolvimento, defendida pelo Grupo dos 77, com ativa participação brasileira, nas negociações econômicas internacionais[19].

A implantação do regime militar em 1964 deu-se no contexto de uma significativa batalha ideológica entre esquerda e direita, reverberadora da bipolaridade Leste/Oeste. Por isso, os dados internos e externos da conjuntura da época amainaram, no momento inicial, ou seja, no governo Castelo Branco (1964-1967) a propensão à autonomia pela distância da política externa brasileira, sobretudo em relação aos Estados Unidos e muito especificamente no que dizia respeito à Cuba revolucionária de Fidel Castro. No plano político, a participação do Brasil em 1965 na Força Interamericana de Paz, organizada, sob a liderança do governo norte-americano, para assegurar a ordem na República Dominicana, é uma clara expressão simbólica, do alinhamento brasileiro à visão dos Estados Unidos sobre o apropriado funcionamento do sistema internacional, no contexto do conflito Leste/Oeste.

Entretanto, nos governos subseqüentes as "forças profundas" do nacionalismo de fins, como componente forte das linhas de continuidade da identidade internacional do Brasil, afloraram com a evolução da conjuntura

---

19. O discurso de Araújo Castro, "Comércio Internacional e Desenvolvimento" está reproduzido em Rodrigo Amado (org.), *Araújo Castro*, Brasília, Editora da Universidade de Brasília, 1982, pp. 43-49; cf. Luis Lindenberg Sette, "A Diplomacia Econômica Brasileira no Pós-guerra (1945-1964), em José Augusto Guilhon de Albuquerque (org.), *Sessenta Anos de Política Externa*, vol. II, *Diplomacia para o Desenvolvimento*, pp. 239-266; Pedro Sampaio Malan, "Relações Econômicas Internacionais do Brasil (1945-1964)", em *História Geral da Civilização Brasileira – Período Republicano*, direção de Boris Fausto, tomo 3, vol. 4 (Economia e Cultura, 1930-1964), pp. 83-106; Paulo Roberto de Almeida, *O Brasil e o Multilateralismo Econômico*, Porto Alegre, Livraria do Advogado,

interna e externa. A conjuntura interna viu-se permeada por um nacionalismo de inspiração militar, sensível ao tema da afirmação de autonomia, para um país percebido por significativa parcela das lideranças do regime autoritário como "potência emergente". Esta afirmação foi lastreada inicialmente no crescimento econômico dos governos Costa e Silva (1967-1969) e especialmente Médici (1969-1973) – cujas bases foram dadas pela política econômica do governo Castelo Branco e que, no plano do comércio exterior, se traduziu numa pauta de exportações adensada pela presença de produtos manufaturados. Esta asserção encontrou espaço no plano internacional em função da *détente*, que abriu novas oportunidades para a polaridade Norte/Sul na vida mundial. Neste sentido, na interação dialética mudança/continuidade, assim como a OPA num contexto democrático, preparou as condições para a política externa independente, também as gestões Magalhães Pinto (1967-1969) e Mario Gibson Barboza (1969-1974) no Itamaraty, dentro do contexto das características inerentes ao autoritarismo do governo militar, prepararam o "pragmatismo responsável" do Presidente Geisel (1974-1978) e do seu Chanceler Azeredo da Silveira.

1999; Celso Lafer, "O Convênio Internacional do Café", *Revista de Direito Mercantil*, n. 9, ano XII, nova série, 1973, pp. 29-88; *O Convênio do Café de 1976/Da Reciprocidade no Direito Internacional Econômico*, São Paulo, Perspectiva, 1979; *Comércio e Relações Internacionais*, São Paulo, Perspectiva, 1977; "O GATT, a cláusula de Nação mais Favorecida e a América Latina", *Revista de Direito Mercantil*, n. 3, ano X, Nova Série, 1971, pp. 41-56. Sobre a irradiação das idéias da CEPAL no Brasil, inclusive no âmbito dos quadros diplomáticos brasileiros, cf. Celso Furtado, *A Fantasia Organizada* e *A Fantasia Desfeita, Obra Autobiografia*, tomo I e tomo II, São Paulo, Paz e Terra, 1997.

Os argumentos e as proposições diplomáticas da política externa independente e do pragmatismo responsável são afins, em função de uma percepção assemelhada de identidade internacional do Brasil e do papel do "nacionalismo de fins". Não são no entanto idênticos, como mostrou Gelson Fonseca Jr., pois os dados internos e externos eram distintos. O Brasil na década de 1970 tinha uma economia mais desenvolvida e complexa. Por via de conseqüência, as suas relações com os países desenvolvidos eram mais diferenciadas e os contenciosos mais amplos, envolvendo subsídios à exportação, direitos compensatórios, importação de material sensível. Na dinâmica do funcionamento do sistema internacional, a polaridade Norte/Sul, naquela década, cresceu também de importância em função da crise do petróleo e da ação da OPEP, situação que ajuda a explicar a complexidade das negociações multilaterais sobre Direito do Mar, preferências comerciais, ciência e tecnologia que se inserem nas propostas voltadas para a aspiração de criar uma nova ordem econômica internacional, favorecedora do desenvolvimento do grande espaço nacional na visão da política externa articulada pelo "pragmatismo responsável".

O aprofundamento da universalização das interações diplomáticas foi um dos objetivos do "pragmatismo responsável". Daí uma importante política africana, uma expressiva aproximação com o mundo árabe, ditada acima de tudo pela crise do petróleo, e o significado do estabelecimento das relações diplomáticas com a China (1974). No capítulo da preservação do espaço da autonomia através da diversificação dos contatos com o mundo desenvolvido – uma prioridade do governo Geisel – merece destaque o Acordo Nuclear com a Alemanha (1975), e não pode deixar de ser mencionada a inflexão representada pela denúncia do acordo militar com os Estados

Unidos, provocada pelo contencioso do desrespeito interno aos direitos humanos (1977).

Além das conseqüências externas da diferença entre democracia e autoritarismo, verificadas por exemplo em matéria de uma lamentável postura sobre a tutela de direitos humanos no plano internacional, a nota singularizadora mais expressiva, que, no meu entender, separa a política externa independente do "pragmatismo responsável", diz respeito ao relacionamento com a Argentina. Com efeito, a política externa independente assinalou-se, no melhor da linha das "forças profundas" da ação diplomática brasileira, pela aproximação com a Argentina. Este é o significado do Encontro de Uruguaiana de 22 de abril de 1961 entre os Presidentes Jânio Quadros e Arturo Frondizi, que na ocasião assinaram um Convênio de Amizade e Consulta, aberto à adesão de outros países do continente. Já o pragmatismo responsável caracterizou-se pela exacerbação do contencioso de Itaipu, com todas as inevitáveis conseqüências que uma relação difícil com a Argentina trouxeram para a preservação de um clima favorecedor da cooperação para o desenvolvimento na América do Sul.

O governo Figueiredo (1979-1984), que contou no Itamaraty com a superior competência diplomática do Chanceler Saraiva Guerreiro, superou rapidamente as dificuldades com a Argentina relacionadas ao contencioso de Itaipu. Em plano mais geral, no contexto do processo interno de normalização da vida política e institucional do país, das dificuldades econômicas da segunda crise do petróleo e do aumento do endividamento externo, nossa política exterior operou os ajustes de condução diplomática necessários para dar continuidade ao "nacionalismo de fins". Logrou assim consolidar no plano interno a aceitação do papel desempenhado pelo Itamaraty na prática de uma diplomacia que cultivou a autonomia e deu continuidade a uma inserção controlada no mundo, com o objetivo de favorecer o desenvolvimento interno[20]. Daí a manifestação de Tancredo Neves, como candidato das forças de oposição à presidência da República, na sucessão de Figueiredo, em encontro sobre a política externa promovido pela Comissão de Relações Exteriores da Câmara dos Deputados em novembro de 1984:

> Sempre defendi a política externa do Itamaraty nas suas linhas gerais e fundamentais. Tenho mesmo dito que se há um ponto na política brasileira que encontrou um consenso de todas as correntes

20. Paulo Fagundes Vizentini, *A Política Externa do Regime Militar Brasileiro: Multilateralização, Desenvolvimento e Construção de uma Potência Média (1964-1985)*, Porto Alegre, Editora da Universidade/UFRGS, 1998; Luiz Augusto P. Souto Maior, "O 'Pragmatismo Responsável'" em José Augusto Guilhon de Albuquerque (org.), *Sessenta Anos de Política Externa,* vol. I, *Crescimento, Modernização e Política Externa,* pp. 337-360; Luiz Augusto Souto Maior, "A Diplomacia Econômica Brasileira no Pós-guerra (1964-1990)", em José Augusto Guilhon de Albuquerque (org.), *Sessenta Anos de Política Externa,* vol. II, *Diplomacia para o Desenvolvimento,* pp. 267-296; Gelson Fonseca Jr., *A Legitimidade e Outras Questões Internacionais,* pp. 293-352; Vasco Leitão da Cunha, *Diplomacia em Alto-Mar* (depoimento ao CPDOC, entrevista Aspásia Camargo, Zairo Cheibub, Luciana Nóbrega), Rio de Janeiro, Editora da Fundação Getúlio Vargas, 1994, pp. 264-306; Luiz Viana Filho, *O Governo Castelo Branco,* Rio de Janeiro, Livraria José Olympio, 1975, pp. 428-451; Mário Gibson Barboza, *Na Diplomacia,o Traço Todo da Vida,* pp. 197-310; R. Saraiva Guerreiro, *Lembrança do Empregado do Itamaraty;* Ernesto Geisel, *Depoimento,* org. de Maria Celina d'Araújo e Celso Castro, Rio de Janeiro, Editora da Fundação Getulio Vargas, 1997, pp. 335-360; Luiz Felipe de Seixas Corrêa, "O Discurso da Diplomacia Brasileira na Assembléia Geral da ONU: Cinco Décadas de Política Externa e de Contribuição ao Direito Internacional", em Paulo Borba Casella (org.), *Dimensão Internacional do Direito – Estudos em Homenagem a G. E. do Nascimento e Silva,* São Paulo, LTr, 2000, pp. 97-109; Wayne A. Selcher,

de pensamento, este ponto é realmente a política externa levada a efeito pelo Itamaraty[21].

A bem sucedida transição democrática, levada a cabo com a eleição de Tancredo Neves, conferiu à política externa na presidência de José Sarney (1985-1989), no campo dos valores, um componente importante de legitimidade. Soube o presidente Sarney, com a colaboração do Itamaraty nas gestões Olavo Setúbal (1985-1986) e Roberto de Abreu Sodré (1986-1990), recuperar a projeção internacional do Brasil como Estado de Direito, retificando a visão de inspiração militar – por exemplo em matéria de direitos humanos – e valorizando o elemento positivo representado pela normalização democrática. Assim, no quadro das linhas básicas de uma política externa inspirada pelo "nacionalismo de fins", a presidência Sarney moveu-se, como apontou Luiz Felipe de Seixas Corrêa, no plano interno pelas linhas-mestras da reforma política e do ajuste econômico; no plano externo, pela busca de parcerias multilaterais e bilaterais voltadas para a configuração de mecanismos de inserção que contribuíssem para o desenvolvimento, no quadro

Brazil's Multilateral Relations Between First and Third Worlds, Boulder, Colorado, Westview Press, 1978; *Brazil in the International System: The Rise of a Middle Power*, Boulder, Colorado, Westview Press, 1981; Luiz Fernando Ligiéro, *Políticas Semelhantes em Momentos Diferentes: Exame e Comparação entre Política Externa Independente (1961-1964) e o Pragmatismo Responsável (1974-1979)*, tese de doutoramento, Departamento de História, Universidade de Brasília, 2000.

21. Tancredo Neves, em *Encontro da Política Externa: Brasília 28 e 29 de 1984*, Brasília, Câmara dos Deputados, Coordenação de Publicações, 1985, p. 79.

político-econômico e financeiro do sistema internacional da segunda metade da década de 1980[22].

Em síntese, enquanto prevaleceu um sistema internacional de polaridades definidas, Leste/Oeste, Norte/Sul, e enquanto o processo de substituição de importações, baseado na escala continental do país, teve dinamismo econômico, a política externa do Brasil buscou, na lógica de um nacionalismo de fins, a autonomia pela distância. Esta busca foi operada de forma flexível e construtiva, com uma conduta diplomática voltada para explorar os variados e variáveis nichos de oportunidades oferecidos pela convivência competitiva da bipolaridade para uma potência média de escala continental, situada na América do Sul.

O objetivo era o de desenvolver-se para emancipar-se, na límpida formulação de San Tiago Dantas elaborada em 1963 desta "força profunda" de longa duração, no século XX, da ação diplomática brasileira:

22. Luiz Felipe de Seixas Corrêa, "O Discurso da Diplomacia Brasileira na Assembléia Geral da ONU: Cinco Décadas de Política Externa e de Contribuições ao Direito Internacional", *loc. cit.*, pp. 109-114; Luiz Felipe de Seixas Corrêa, "A Política Externa de José Sarney", em José Augusto Guilhon de Albuquerque (org.), *Sessenta Anos de Política Externa Brasileira*, vol. I, *Crescimento, Modernização e Política Externa*, pp. 361-385; *Diplomacia para Resultados, A Gestão Olavo Setúbal no Itamaraty*, Brasília, Ministério das Relações Exteriores, 1986; Roberto de Abreu Sodré, *No Espelho do Tempo – Meio Século de Política*, São Paulo, Best Seller, 1995, pp. 283-335; Celso Lafer, *Ensaios Liberais*, São Paulo, Siciliano, 1991, pp. 205-216; Celso Lafer, "Análise das Possibilidades Diplomáticas de um Governo Tancredo Neves", em Monica Hirst (org.) *Brasil-Estados Unidos na Transição Democrática*, Rio de Janeiro, Paz e Terra, 1985, pp. 83-96; Celso Lafer, "Novas Dimensões da Política Externa Brasileira, *Revista Brasileira de Ciências Sociais*, n. 3, vol. I (fev. 1987), pp. 73-82.

[...] desenvolver-se é sempre emancipar-se. Emancipar-se externamente pela extinção de vínculos de dependência a centros de decisão, políticos ou econômicos, localizados no exterior. E emancipar-se internamente, o que só se alcança através das transformações de estrutura social, capazes de instituir, paralelamente ao enriquecimento, uma sociedade aberta, com oportunidades equivalentes para todos, e uma distribuição social da renda apta a assegurar níveis satisfatórios de igualdade[23].

23. F. C. de San Tiago Dantas, Política Exterior e Desenvolvimento (discurso de paraninfo pronunciado em 10 de dezembro de 1963 no Palácio do Itamaraty), *Revista Brasileira de Política Internacional*, ano VII, n. 27 (set. 1964), p. 525.

Capítulo VI

O DESAFIO DO SÉCULO XXI: O DESENVOLVIMENTO ATRAVÉS DA INSERÇÃO NO MUNDO

O século XX tem sido objeto de muitas análises voltadas para o entendimento de sua especificidade histórica. Uma das mais conhecidas e instigantes interpretações é a de Hobsbawn. Ele contrasta um longo século XIX, que se iniciaria com a Revolução Francesa e se prolongaria até a Primeira Guerra Mundial, abrangendo a era das revoluções, a do capital e a dos impérios, a um curto século XX. Este pode ser visto como um "século breve" – o das guerras de alcance planetário – contido entre a Primeira Guerra Mundial e o fim da Guerra Fria. Nesta linha, a queda do muro de Berlim pode ser considerada um evento inaugural, pois assinalaria, em conjunto com o colapso da União Soviética como conclusão do processo iniciado com a Revolução Russa, o começo histórico de um novo século[1].

1. Eric Hobsbawn, *The Age of Extremes*, N. York, Pantheon Books, 1994; Renato Petrocchi, "O Irredutível Século XX: Uma

Existem muitas controvérsias sobre a periodização e a interpretação proposta por Hobsbawn, mas do ponto de vista da História Diplomática brasileira creio que o século XX também pode ser visto como um século breve. Tem a especificidade de um início próprio, que resulta da obra de Rio Branco na primeira década do século XX, encerrando a fase da consolidação das fronteiras do espaço nacional. Esta consolidação configurou a natureza da diferença entre o "interno" e o "externo" que foi a base da moderna política externa brasileira, como procurei mostrar nos capítulos anteriores deste livro. Encerra-se, de maneira convergente com a periodização proposta por Hobsbawn, no início da década de 90, em função das conseqüências derivadas da queda do muro de Berlim e da desagregação da União Soviética. Para o Brasil, uma destas importantes conseqüências foi a de, ao ensejar a plenitude afirmativa da lógica da globalização, esgarçar e diluir a diferença entre o "interno" e o "externo". Esta diluição foi um dado da realidade que acabou impondo uma pausa para pensar de que maneira viabilizar, nas condições atuais, o desenvolvimento do espaço nacional. Com efeito, o desenvolvimento continua sendo, à luz da identidade do Brasil como "Outro Ocidente", o objetivo por excelência da nossa política externa, como uma política pública voltada para traduzir necessidades internas em possibilidades externas. Daí um esforço, na linha da mudança dentro da continuidade que caracteriza a presença do Itamaraty na ação diplomática brasileira, nas gestões Francisco Resek (1990-1992), Celso Lafer (1992), Fernando Henrique Cardoso (1992-1993), Celso Amorim (1993-1994) e Luiz Felipe Lampreia (1995-

Pesquisa de Chaves de Leitura" *Contexto Internacional*, vol. 22, n. 1 (jan./jun.) 2000, pp. 7-37.

2001), de trabalhar as reformulações conceituais exigidas na década de 1990 pela mudança do paradigma de funcionamento do sistema internacional, tal como se configurava e afetou o Brasil no pós-Segunda Guerra Mundial[2].

O paradigma de fato mudou substantivamente, pois a vida internacional deixou de ter como elemento estruturador as polaridades definidas das relações Leste/Oeste; Norte/Sul. Passou a caracterizar-se por polaridades indefinidas, sujeitas às "forças profundas" de duas lógicas que operam numa dialética contraditória de mútua complementariedade: a lógica da globalização (das finanças, da economia, da informação, dos valores etc.) e a lógica da fragmentação (das identidades, da secessão dos estados, dos fundamentalismos, da exclusão social etc.).

A interação entre uma lógica integradora do espaço mundial e uma dinâmica desintegradora e contestadora desta lógica tem muito a ver com as realidades de uma "globalização assimétrica"[3]. Esta realça a percepção das descontinuidades no sistema internacional, que, de um

---

2. Cf. José Maria Arbilla, *A Diplomacia das Idéias: A Política da Renovação Conceitual da Política Externa na Argentina e no Brasil (1989-1994)*, dissertação de mestrado, Instituto de Relações Internacionais, PUC-Rio de Janeiro, 1997; Flávia de Campos Mello, *Regionalismo e Inserção Internacional: Continuidade e Transformação da Política Externa Brasileira nos Anos 90*, tese de doutoramento, Departamento de Ciência Política, Faculdade de Filosofia, Letras e Ciências Humanas, Universidade de São Paulo, 2000; Sérgio Luis Saba Rangel do Carmo, *O Comércio Internacional e o Brasil: Multilateralismo, Regionalismo e a Política Externa Brasileira*, dissertação de mestrado, Departamento de Direito Internacional da Faculdade de Direito de São Paulo, São Paulo, 2000.

3. Fernando Henrique Cardoso, "Discurso na Sessão de Trabalho da VIII Reunião de Chefes de Estado e de Governo da Conferência Ibero-Americana", Cidade do Porto, Portugal, 18 de outubro de 1998.

lado, exprimem descompasso entre significado e poderio, e, de outro, traduzem um inequívoco déficit de governança do espaço do planeta[4]. Como é que se vêm situando e reposicionando diante destas novas realidades os *monster countries,* entre os quais se inclui o Brasil?

Os EUA – que pacificamente ganharam a guerra fria – são hoje a única superpotência mundial. Estão relativamente à vontade neste mundo de descontinuidades e vêm explorando as oportunidades que o sistema internacional oferece para, unilateralmente, afirmar o seu globalismo no campo estratégico-militar, no econômico-financeiro e no dos valores.

A China foi, no plano estratégico-militar, um dos grandes beneficiários do fim da guerra fria e logrou obter um excepcional desenvolvimento através da competente administração do jogo entre o "interno" e o "externo", num mundo globalizado e de polaridades indefinidas.

Este mundo novo alterou os dados estratégico-militares da inserção da Índia no seu contexto regional, o que explica a sua afirmação como potência nuclear à margem do TNP e o seu cuidado diante da lógica da globalização que, por suas assimetrias, pode, no plano interno do país, desencadear forças centrífugas até agora administradas pelo seu próprio sistema democrático.

---

4. Cf. Celso Lafer e Gelson Fonseca Jr., "Questões para a Diplomacia no Contexto Internacional das Polaridades Indefinidas (Notas Analíticas e Algumas Sugestões)", em Gelson Fonseca Jr. e Sérgio Henrique Nabuco de Castro (org.), *Temas da Política Externa Brasileira* – II, vol. I, pp. 49-77; Celso Lafer, "O Brasil no Mundo Pós-Guerra Fria", em George P. Schultz *et al, A Economia Mundial em Transformação,* Rio de Janeiro, Editora da Fundação Getúlio Vargas, 1994, pp. 99-108; Celso Lafer, "Brasil y el Nuevo Escenário Mundial", *Archivos del presente,* ano 1, n. 3 (verano austral 95/96), pp. 61-80; Zaki Laidi, *Un Monde privé de sens,* Paris, Fayard, 1994.

A Rússia, como sucessora da URSS – a grande derrotada da Guerra Fria –, continua detendo a segunda maior capacidade nuclear mundial e está, no contexto de uma lógica de fragmentação, em meio a grandes dificuldades econômicas e políticas, à procura de uma nova identidade internacional.

Em síntese, os *monster countries* acima mencionados mantêm-se, na visão sugerida por Kennan, assustadores, por distintas razões e em novos moldes.

Neste panorama sobre a capacidade de responder aos desafios do século XXI, para ficar no plano do eixo assimétrico das relações internacionais do Brasil, convém fazer uma referência à Comunidade Européia e ao Japão – que, com os EUA, compõem a "trilateral". Para os europeus, organizados em torno da UE, o fim da Guerra Fria colocou politicamente o tema do alargamento para o Leste, ao mesmo tempo que o desafio da globalização impôs o aprofundamento da delegação de competências às instâncias comunitárias (por exemplo, a moeda única: o euro). A concomitância do alargamento e do aprofundamento vem sobrecarregando a agenda da integração européia, que se vê institucionalmente estressada pela complexidade e pelo volume de problemas. Este *stress*, presente na grociana construção européia, não impediu, até agora, a resposta aos desafios das novas realidades, mas sem dúvida comprometeu sua velocidade e abrangência.

Já para o Japão, tem sido problemático responder aos desafios das novas realidades. Tem sido problemático porque o fim da Guerra Fria, ao alterar os dados estratégico-militares, colocou novos e significativos dilemas para o papel e os relacionamentos do Japão na Ásia. Tem sido problemático, também, porque o modelo sócio-econômico japonês, tão bem sucedido nos anos 70 e 80, vem encontrando dificuldades para dar conta de novos aspectos competitivos da globalização[5].

Diante destas novas realidades e dos seus problemas, como vem-se situando o Brasil? Preliminarmente, é importante mencionar que a sociedade brasileira mudou de maneira significativa a partir de 1930, em função do conjunto de políticas públicas, inclusive a externa, inspiradas por um "nacionalismo de fins". O Brasil urbanizou-se, industrializou-se, democratizou-se, diversificou sua pauta de exportações, ampliou seu acervo de relações diplomáticas. Em síntese, modernizou-se e melhorou seu *locus standi* internacional sem, no entanto, ter equacionado uma das "falhas" constitutivas de sua formação – o problema da exclusão social.

A década de 1980, no plano interno, foi politicamente bem sucedida com a transição do regime militar para a democracia. Economicamente, o país assistiu, em meio à crise da dívida externa e à inflação, ao esgotamento do dinamismo do modelo de substituição de importações.

Este esgotamento já se vinha evidenciando em razão de um processo de mudanças profundas no plano internacional. A queda do muro de Berlim, marco político-ideológico da ruptura, tornou-o ainda mais inequívoco. Sob o impacto da diminuição dos custos dos transportes e da comunicação, e dos avanços em computação, a lógica do que veio a ser qualificado de "globalização"

5. Cf. Thérese Delpech, *La guerre parfaite*; *Quelle Identité pour L'Europe,* sous la direction de Riva Kastoryano, Paris, Press de Science Po, 1998; *La PESC*, sous la direction de Marie-Françoise Durand et Álvaro de Vasconcelos, Paris, Press de Science Po, 1998; Robert B. Zoellick, Peter D. Sutherland, Hisashi Owada, *21st Century Strategies of the Trilateral Countries: in Concert or Conflict?*, N. York, Paris and Tokyo, The Trilateral Comission, 1999; Carlos Escudé, *Estado del Mundo.*

permitiu, pela inovação tecnológica, diluir o significado financeiro e econômico das fronteiras, esgarçando a diferença entre o "interno" e o "externo". Num mundo de polaridades indefinidas, este esgarçamento colocou em questão a eficiência e o dinamismo do processo de internalização das cadeias produtivas, mediante uma inserção controlada do país na economia mundial. Com efeito, como mostrou Gilberto Dupas, a lógica da globalização, além de ter acelerado vertiginosamente os fluxos financeiros, ensejou uma desagregação das cadeias produtivas em escala planetária. Converteu o *outsourcing* numa prática empresarial rotineira e fez, assim, do comércio exterior e da produção de bens e serviços, as duas faces de uma mesma moeda[6]. Por esta razão, o desenvolvimento no relativo distanciamento de uma inserção na economia mundial gestionado pelo estado, viabilizado pela escala continental do país e operado pela prévia lógica do "nacionalismo de fins", tornou-se inoperante. Em síntese, o mundo que o Brasil administrava com bastante competência como "externalidade", internalizouse. Encerrou-se assim a eficácia do repertório de soluções construídas a partir do primeiro governo de Getúlio Vargas e que configuraram o país no século XX.

Quais as conseqüências dessa "internalização" do mundo, como novo dado da realidade internacional, para a condução da política externa brasileira? Há situações em que mudanças significativas do funcionamento do mundo provocam e exigem de um país uma mudança da visão do seu papel, o que pode alterar significativamente sua identidade internacional. O caso da Rússia, como sucessora da União Soviética no pós-Guerra Fria, talvez

6. Gilberto Dupas, *Economia Global e Exclusão Social*, São Paulo, Paz e Terra, 1999.

constitua o exemplo recente mais marcante. Já a Alemanha e o Japão, no pós-Segunda Guerra Mundial, deixaram, como via de conseqüência de sua derrota militar, de ser atores com aspirações de grandeza imperial no campo estratégico-militar, mas encontraram um novo caminho, convertendo-se em bem sucedidos *trading states*, embora prosseguissem buscando outras formas de participação internacional. Também Portugal pós-Revolução dos Cravos aceitou a lógica histórica do processo de descolonização do século XX. Redefiniu uma multissecular identidade internacional, configurada com a expansão ultramarina portuguesa que está na origem do Brasil, assumindo a sua presença no mundo como parte integrante da Europa Comunitária. Não é desta natureza a mudança que os anos da década de 1990 colocaram para a agenda diplomática brasileira. Com efeito, no nosso caso, o que vem ocorrendo é menos uma mudança de *world view* e mais o como torná-la operacional nas atuais condições de permissibilidade do mundo.

A visão do mundo e do papel do Brasil nas relações internacionais é fruto das circunstâncias históricas que foram definindo nossa identidade internacional, tal como procurei mostrar nos capítulos anteriores deste livro. Neste processo, certos valores foram se afirmando. Entre eles o da autonomia possível para uma potência média de escala continental situada na América do Sul. Este valor, com seus desdobramentos, passou a integrar o mapa da ação diplomática brasileira. Os valores, como explica Miguel Reale, são um bem cultural e tem uma objetividade que se revela no processo histórico. Como bem cultural, têm um suporte, uma base na realidade, mas têm igualmente um significado, que aponta para uma direção de "dever ser". Por isso mesmo, referem-se à realidade, mas não se reduzem a ela. Os valores têm igualmente várias dimensões. Uma delas, além do significado direcional, é a possibilidade de realização, que diz respeito à capacidade de o valor efetivar-se historicamente com apoio numa determinada realidade sócio-político-econômica[7]. É precisamente o tema da possibilidade de realização de uma visão do mundo que, na dialética mudança/continuidade, se colocou na agenda diplomática brasileira na década de 1990.

O presidente Fernando Collor (1990-1992) teve a intuição do alcance da magnitude da mudança trazida pelo fim do curto século XX para o Brasil. A grande reforma ministerial por ele empreendida em 1992 teve como um dos seus objetivos decantar o significado da reordenação da agenda, mas o processo se viu interrompido pelas revelações que levaram ao seu *impeachment*. Sua sucessão, pelo Vice-Presidente Itamar Franco (1992-1994), dentro do cumprimento das normas constitucionais – cumprimento que atestou a maturidade das instituições democráticas – deu ao país uma pausa inicial para digerir o alcance da mudança. O Presidente Fernando Henrique Cardoso, em seu primeiro mandato (1995-1998) – valendo-se do que os gregos qualificavam de "*anquinoia*", a agilidade e a rapidez da inteligência – conferiu nova e mais consistente racionalidade ao processo de reordenação da agenda[8]. Já seu segundo período de governo, iniciado em 1999, tem pela frente o desafio de efetiva-

7. Miguel Reale, *Introdução à Filosofia*, São Paulo, Saraiva, 1988, pp. 135-162.

8. Marcel Detienne e Jean-Pierre Vernant, *Les ruses de l'intelligence – la métis des grecs*, Paris, Flammarion, 1974, pp. 293-296; Pier Paolo Portinaro, *Il Realismo Politico*, p. 89; Celso Lafer, *Desafios – Ética e Política*, pp. 165-180; *O Presidente Segundo o Sociólogo*, entrevista de Fernando Henrique Cardoso a Roberto Pompeu de Toledo; Vilmar Faria e Eduardo Graeff, com

mente consolidar a nova agenda, adensando o caminho através do qual, no contexto de uma "globalização assimétrica", o país amplie o poder de controle sobre seu destino e, com sensibilidade social-democrática, encaminhe o persistente problema da exclusão social.

Lembra neste sentido Fábio Wanderley Reis que os três problemas articulados que se colocam para o desenvolvimento político de um estado-nação moderno são os da identidade, o da governabilidade e o da igualdade. Eles se viram colocados em novos termos no mundo pós-Guerra Fria para o Brasil, na medida em que a fusão entre identidade e economia, concebido pelo "nacionalismo de fins", tornou-se inoperante. Esta inoperância tem o seu efeito em matéria de governabilidade, pois em função das não equacionadas deficiências sociais do país o tema de uma "ingovernabilidade hobbesiana", proveniente da deterioração do tecido social agudizou-se. E isto torna mais problemática a ação do estado na sua tarefa primeira de manutenção de uma apropriada ordem pública. É por esta razão que a "questão nacional" se identifica fortemente com a "questão social", ou seja, com o problema de igualdade no Brasil[9].

O que significa esta problemática do ponto de vista de política externa concebida como política pública voltada para o tema do desenvolvimento do espaço nacional? No que diz respeito ao Brasil na América do Sul, os

Ana Maria Lopes de Almeida, Sérgio Fausto, Sérgio Florencio, Cláudio Maciel, "Preparando o Brasil para o Século XXI – Uma Experiência de Governo para a Mudança", em Lúcio Alcantara, Vilmar Faria e Carlos H. Cardin (org.), *Globalização e Governo Progressista – Novos Caminhos*, pp. 217-276.

9. Fábio Wanderley, "Atualidade Mundial e Desafios Brasileiros", *Estudos Avançados*, vol. 14, n. 39 (mai./agos.) 2000, pp. 14-20.

caminhos que me parecem apropriados foram discutidos no capítulo III deste livro. No que tange ao eixo assimétrico do sistema internacional, creio, com Gelson Fonseca Jr., que se antes o país construiu, com razoável sucesso, a autonomia possível pelo relativo distanciamento em relação ao mundo, nesta virada do século esta autonomia possível, necessária para o desenvolvimento, só pode ser construída pela participação ativa na elaboração das normas e pautas de conduta da gestão da ordem mundial[10]. Em outras palavras, os "interesses específicos" do país estão, mais do que nunca, atrelados aos seus "interesses gerais" na dinâmica do funcionamento da ordem mundial. É por esta razão que a "obra aberta" da continuidade na mudança, que caracteriza a diplomacia brasileira, requer um aprofundamento, nos foros multilaterais, da linha de política externa inaugurada na Haia em 1907.

O *locus standi* para este aprofundamento tem a sustentá-lo, no plano interno, a consolidação da democracia e a importância de uma economia aberta, estabilizada pelo Plano Real. Este foi um dos grandes méritos de Fernando Henrique Cardoso, primeiro como Ministro da Fazenda e depois como Presidente da República, e isto revigorou, no plano externo, o alcance e a coerência dos ativos diplomáticos de uma conduta de corte grociano. Esta tem a sustentá-la, no plano da possibilidade de realização, o fato de ser o Brasil um país de escala continental, relevante para a tessitura da ordem mundial e apto para articular consensos entre grandes e pequenos, porque não é um *monster country* assustador, como os seus congêneres. Tal distinção não deixa de constituir um ati-

---

10. Gelson Fonseca Jr., *A Legitimidade e Outras Questões Internacionais*, pp. 353-374.

vo potencial num sistema internacional em que as percepções de risco e as estimativas de credibilidade são dados importantes. A isto se adicionam os investimentos no *soft-power* da credibilidade, realizados pelo país no correr da década de 1990, ao tratar de maneira construtiva – pela participação e não pela distância – os "temas globais" que se inseriram, em novos termos, na agenda internacional, pós-Guerra Fria. Entre eles destaco meio ambiente, direitos humanos, desarmamento e não-proliferação nuclear, ponderando que no plano dos valores este trato construtivo é condizente com o componente Ocidente da nossa identidade internacional, congruente com a visão grociana que permeia a nossa conduta diplomática e viável à luz da nossa inserção no mundo.

Este trato construtivo se deu em foros multilaterais, que são para o Brasil, pelo jogo das alianças de geometria variável, possibilitadas por um mundo de polaridades indefinidas, o melhor tabuleiro para o país exercitar a sua competência na defesa dos interesses nacionais. É neste tipo de tabuleiro que podemos desenvolver o melhor do nosso potencial para atuar na elaboração das normas e pautas de conduta da gestão do espaço da globalização em todos os campos de interesse para o Brasil.

Do ponto de vista do desenvolvimento do espaço nacional e do tema da pobreza, que é um componente da nossa identidade internacional como um *Outro Ocidente*, o desafio real que se coloca para o Brasil reside nas negociações da agenda financeira e da agenda de comércio exterior. Com efeito, a globalização encurtou os espaços e acelerou o tempo, porém tais fenômenos afetam os interesses do Brasil de maneira não uniforme, em função da especificidade da nossa inserção no mundo.

O tempo financeiro é o tempo *on-line* dos fluxos financeiros, que na sua volatilidade vêm produzindo as sucessivas crises nos países de mercados emergentes e que nos atingiram direta ou indiretamente. Daí a relevância, para o Brasil, das negociações sobre a "nova arquitetura financeira".

O tempo da mídia é também um tempo *on-line*. Provoca, no Brasil e no mundo, a repercussão imediata do peso dos eventos nas percepções coletivas. Esta repercussão fragmenta a agenda da opinião pública, leva ao monitoramento e a reações constantes aos sinais do mercado e da vida política e cria, conseqüentemente, um ambiente de excessiva concentração no momento presente, em detrimento da necessária atenção ao embasamento no passado e às implicações futuras do evento em pauta. O foco nos acontecimentos e a falta de foco nos processos, provenientes da natureza do tempo da mídia, é um desafio constante para a construção do *soft-power* da credibilidade internacional do país – um desafio que adquire outra magnitude no sistema internacional pós-Guerra Fria, com a "internalização" do mundo na realidade brasileira. Daí, por exemplo, a importância, para o Brasil, da diplomacia presidencial e das reuniões de cúpula, que são uma expressão da diplomacia aberta, criando *eventos* que permitem transmitir e informar a opinião pública – interna e externa – sobre o significado dos *processos* em andamento no país. Chamo a atenção neste sentido para a importância da diplomacia presidencial do presidente Fernando Henrique Cardoso, pois ela é a expressão de uma visão arquitetônica da política externa diante dos desafios do século XXI, que tem como objetivo constante lidar com o impacto da "internalização" do mundo na vida brasileira[11].

11. Sérgio Danese, *Diplomacia Presidencial*, Rio de Janeiro, Topbooks, 1999.

O tempo econômico é o do ciclo da produção e do investimento. É um tempo mais lento que o financeiro e o da mídia e, no caso do Brasil, encontra-se afetado pelas condições sistêmicas da competitividade. Estas sofrem o peso das ineficiências do assim chamado "custo Brasil", um custo que era suportável quando o mundo podia ser administrado como "externalidade". Lidar com o "custo Brasil" é uma necessidade proveniente da internalização do mundo. Isto requer reformas como, por exemplo, a tributária e a da previdência social.

Estas reformas transitam pelo tempo político, que, no Brasil e no mundo, é um tempo distinto do financeiro, do da mídia e do econômico. É, em princípio, num regime democrático, um tempo mais lento, condicionado pela territorialidade das instituições políticas, pelos ciclos eleitorais, pelos interesses dos partidos e, no caso do Brasil, pelo problema do complexo equilíbrio dos estados da Federação, num país caracterizado pelo pluralismo de sua escala continental. É, também, no caso brasileiro, um tempo tradicionalmente voltado para "dentro" e não "para fora", à luz da experiência histórica de um país continental habituado à autonomia pela distância e que, por isso mesmo, ainda não absorveu a internalização do mundo. Daí a razão pela qual a sincronia do tempo político com os tempos financeiro e econômico é um dos grandes desafios na condução das nossas políticas públicas.

Tal desafio tem uma dimensão que passa pelo tempo diplomático, que no caso das negociações comerciais globais, regionais ou inter-regionais é um tempo mais lento. Esse tempo corresponde ao da OMC; ALCA; MERCOSUL; MERCOSUL-União Européia etc., e é nele que o Brasil como um pequeno *global trader* precisa ampliar o seu acesso a mercados. Elemento essencial desse empreendimento é a participação capacitada nas negociações relativas à elaboração de normas internacionais em áreas afetas ao comércio, como por exemplo barreiras não-tarifárias, que podem assumir, entre outras, a forma de normas sanitárias e fitossanitárias; ou padrões técnicos. Há também os temas dos subsídios; da defesa comercial e da propriedade intelectual. A crescente regulamentação multilateral dessas matérias constitui uma forma de "internalização" do mundo na vida brasileira, o que exige qualificação negociadora condizente com a importância da matéria e com o caráter complexo das negociações.

Essa qualificação negociadora é indispensável, pois na elaboração da regulamentação dessas matérias o Brasil precisa também assegurar espaço – que vem-se reduzindo – para a condução de suas políticas públicas. Com efeito, num país como o nosso, o desenvolvimento não resultará, automaticamente, da combinação virtuosa das políticas fiscal, monetária e cambial, embora nelas encontre as condições macroeconômicas de sua sustentabilidade. Requer um conjunto amplo de políticas públicas, que de maneira congruente e compatível com os grandes equilíbrios macroeconômicos, asseguradores da estabilidade da moeda, reduzam a desigualdade e impulsionem o desenvolvimento do espaço nacional, dando no seu âmbito, aos agentes econômicos, condições de isonomia competitiva, que lhes permita enfrentar o desafio da globalização[12].

Em poucas palavras, o mais significativo desafio que se coloca para a política externa brasileira neste início do século XXI é o de como preservar um espaço pró-

---

12. *Desenvolvimento, Indústria e Comércio – Debates – Estudos – Documentos –1* (relatório de atividades – 1 de janeiro a 16 de julho de 1999 do Ministro Celso Lafer no MDIC).

prio, no plano interno, para poder lidar com o impacto dos tempos da "internalização" do mundo, que procurei sucintamente indicar. É a este grande desafio a que se referiu o presidente Fernando Henrique Cardoso na reunião de Florença de 1999 ao dizer:

> A *progressive governance* no plano internacional envolve, pois, o esforço da construção de um sistema compatível com a existência de um espaço, no plano doméstico para a condução de políticas que sem prejuízo da responsabilidade fiscal e da coerência macroeconômica respondam às questões fundamentais do bem-estar, do emprego e do desenvolvimento social e a da inclusão dos segmentos que ainda estejam à margem da sociedade[13].

Em síntese, e para concluir com uma metáfora musical, o desafio da política externa brasileira, no início do século XXI, é o de buscar condições para entoar a melodia da especificidade do país em harmonia com o mundo. Não é um desafio fácil dada a magnitude dos problemas internos do país, as dificuldades de sincronia dos tempos na condução das políticas públicas e a cacofonia generalizada que caracteriza o mundo atual, em função das descontinuidades prevalecentes no funcionamento do sistema internacional. É, no entanto, um desafio para o qual o histórico da inserção e da construção da identidade internacional do Brasil, analisadas neste texto, oferece um significativo lastro para a ação bem-sucedida.

13. Fernando Henrique Cardoso, "O Modo Progressista de Governar", em Lúcio Alcantara, Vilmar Faria e Carlos H. Cardin (org.), *Globalização e Governo Progressista*, p. 200.

Posfácio

I

Este livro, publicado no início de 2001, foi escrito ao longo do ano de 2000, como explico na nota introdutória na qual esclareço, igualmente, os objetivos que me animaram a tentar, em função do meu percurso intelectual e de vida, uma interpretação da relação continuidade/mudança no processo histórico da inserção do nosso país no mundo. Subseqüentemente, o livro foi traduzido para o espanhol e publicado na Argentina em 2002 pelo Fondo de Cultura Económica. Para esta edição escrevi, em maio de 2002, um novo prólogo.

Neste prólogo realcei como os ataques terroristas de 11 de setembro de 2001 aos EUA tinham deslocado o eixo diplomático no campo da segurança internacional e apontei a conexão deste evento inesperado com um aspecto daquilo que tinha sido objeto de análise no livro, a saber, o fato de o mundo da globalização operar mediante uma multiplicidade de redes que diluem a diferença entre o interno dos países e o externo da vida internacional. Apontei, assim, que o funcionamento destas redes propicia uma multiplicidade de atores, não apenas governamentais mas também não governamentais que, ao operá-las, conduzem – para o bem e para o mal – a governança ou a falta de governança no mundo. Realcei que estas redes tendem a escapar do controle dos Estados e das organizações internacionais. Podem, em determinadas circunstâncias, em função da fragmentação das cadeias de poder, colocar em questão o tema da racionalidade dos mecanismos tradicionais da economia, da diplomacia e da guerra, multiplicando, destarte, os riscos difusos da violência. Daí a preponderância que detectei, no plano estratégico-político, em função do 11 de setembro, de um clima intelectual propenso a uma leitura hobbesiana/maquiavélica da realidade internacional.

Naquela mesma ocasião, observei que no campo econômico e comercial o 11 de setembro não tinha chegado a constituir-se num ponto de inflexão significativo. Mantinha-se presente a validade de uma leitura grociana, pois as normas e a diplomacia continuavam sendo, neste campo, devido à interdependência e à multipolaridade econômica, um fator relevante para solucionar as controvérsias e promover a cooperação. Destaquei, neste sentido, o sucesso da Conferência Ministerial da OMC, de Doha, de novembro de 2001, cujo mandato negociador representou um progresso na cooperação internacional e na afirmação do multilateralismo comercial. Não deixei de apontar as dificuldades que se prenunciavam para estas negociações da OMC, que resultavam de forças do sentimento protecionista dos Estados Unidos e da União Européia.

Em 2002 formulei estas observações, na condição de estudioso das relações internacionais, mas também e sobretudo na condição de quem, como chanceler do presidente Fernando Henrique Cardoso, estava vivendo, na prática, os limites e as possibilidades do embate entre os conceitos e as realidades, para evocar as considerações metodológicas, sobre a interação experiência/teoria mencionada na nota introdutória da primeira edição deste livro.

Em 2004, o que cabe dizer neste posfácio sobre mudança e continuidade, tanto no que diz respeito à dinâmica de funcionamento do sistema internacional quanto sobre a condução da política externa brasileira, relevantes para complementar o capítulo VI que trata do desafio do século XXI para o Brasil? No meu entender, em matéria de política externa, este desafio era e é o de traduzir criativamente necessidades internas em possibilidades externas e o de construir com realismo crítico a autonomia em interação com o mundo, pois a atitude de recolhimento e retração, inspirada pelo desejo de autarquia, constitui uma ilusão nas condições vigentes no pós-Guerra Fria.

II

No que tange ao sistema internacional, convém relembrar que o século XX foi considerado um século curto, cujo fecho assinalou-se pela queda do muro de Berlim e o fim da União Soviética. O novo século, que começou a configurar-se com o término da bipolaridade, apresentou, no seu momento inicial, sinais vinculados à experiência que permitiam, à maneira de Kant[1], conjeturar sobre a possibilidade da construção de uma ordem mundial cosmopolita. Havia, com efeito, um horizonte de sinais kantianos de pro-

---

1. Emmanuel Kant, *Le Conflit des Facultés, en trois sections* (1798) (tradução de J. Gibelin), Paris, Vrin, 1973, 2ème section-5, pp. 99-100.

gresso que vale a pena recordar. Maior homogeneidade dos critérios de legitimidade e uma diluição dos conflitos de concepção sobre a organização da vida em sociedade, promovendo convergências no plano da economia e da política, antecipavam a possibilidade da construção de consensos gerais. O término do *apartheid* foi representativo do fim da mancha racista na África do Sul, paradigmaticamente comprometedora da afirmação dos direitos humanos no plano universal. O inovador mútuo reconhecimento de legitimidades contrapostas dos acordos de Oslo permitiam prenunciar paz entre israelenses e palestinos. Havia clima, com o fim da Guerra Fria, para um novo alento nas negociações de desarmamento das quais adviriam os "dividendos da paz". As duas primeiras conferências da ONU na década de 1990 sobre temas globais, no Rio em 1992 e em Viena em 1993, trataram (com a significativa e positiva presença de organizações não governamentais), respectivamente, do meio ambiente e desenvolvimento e de direitos humanos. Ocorreram – e isto foi o novo – no contexto de uma kantiana razão abrangente da humanidade e não em termos das prévias e seletivas polaridades definidas – Leste/Oeste, Norte/Sul. A conclusão da Rodada Uruguai permitiu a criação da OMC, que foi a primeira organização internacional econômica de vocação universal pós-Guerra Fria, voltada para um multilateralismo comercial regido por normas.

Estes eventos, que comportavam uma leitura positiva da dinâmica de funcionamento do sistema internacional, vêm esbarrando em sinais que se contrapõem a essa leitura. Estes sinais contrários caracterizam o que Rubens Ricúpero, a partir de ângulos diferentes mas complementares, qualifica como a perda da inocência após o 11 de setembro[2].

2. Rubens Ricúpero, "O Mundo após o 11 de Setembro: A Perda da Inocência", *Tempo Social*, vol. 15, n. 2, novembro 2003, pp. 9-30.

Com efeito, a lógica da fragmentação inerente às forças centrífugas, que analiso no capítulo VI, adquiriu redobrada intensidade. No plano dos valores ela se expressa no movimento antiglobalização. Este articula, como diz Manuel Castells, uma identidade de resistência à ordem global e ao papel dos mercados. Tem a sua base social nos que vêm sendo desvalorizados ou marginalizados e que, por isso, cavando suas trincheiras, contestam os princípios prevalecentes nas instituições que permeiam a sociedade[3].

O mercado, lembra Octavio Paz, é um mecanismo eficaz, mas – como todos os mecanismos – não tem consciência e tampouco misericórdia. Sem regulação apropriada, pode levar à rebelião que o mesmo Octavio Paz denominou a sublevação dos particularismos[4]. Esta sublevação, no momento atual, vem dando novo ímpeto à lógica da fragmentação. Este novo ímpeto não somente questiona a idéia reguladora de uma história universal de ângulo cosmopolita, segundo Kant, quanto compromete a conjetura do direito à hospitalidade universal por ele proposto no *Projeto de Paz Perpétua*[5]. Disso são indicações as limitações crescentes à livre movimentação das pessoas, a xenofobia, o preconceito, a intolerância em relação à diversidade, a situação dos migrantes não documentados. É por esta razão que os nexos que Norberto Bobbio, com instigação kantiana, articulou entre demo-

3. Manuel Castells, *O Poder da Identidade* (tradução de Klaus Brandisi Gerhardt), São Paulo, Paz e Terra, 1999, p. 24 e *passim*.

4. Octavio Paz, *In Search of the Present – Nobel Lecture 1990*, N. York, Harvest Book, 1991, p. 54; *Tiempo Nublado*, Barcelona, Seix Barral, 1983, pp. 93-103.

5. Immanuel Kant, *Idéia de uma História Universal de um Ponto de Vista Cosmopolita* (1784), organização de Ricardo R. Terra, tradução Rodrigo Naves e Ricardo R. Terra, São Paulo, Brasiliense, 1986; Emmanuel Kant, *Projet de Paix Perpetuelle* (1795) (tradução de J. Gibelin), Paris, Vrin, 1970, 3º art., pp. 29-33.

cracia e direitos humanos no plano interno e paz no plano internacional, estão enfrentando o deságio do minimalismo que Michel Walzer qualificaria de *thin morality*[6].

A sublevação dos particularismos no cenário internacional contemporâneo abrange seja o destrutivo "poder de negação" da violência que animou paradigmaticamente, no 11 de setembro, o solipsismo da razão terrorista[7], seja o unilateralismo que, à maneira de Carl Schmitt, entende a soberania como o poder de decidir o estado de exceção[8]. O grande exemplo deste último foi a intervenção militar conduzida pelos EUA no Iraque em 2003 e os seus desdobramentos.

O unilateralismo solapa o papel da ONU como um *tertius inter partes* e compromete uma das importantes funções do Direito Internacional no âmbito mundial: a de indicar e informar tanto sobre o padrão aceitável de comportamento quanto sobre a provável conduta dos atores estatais na vida internacional. O unilateralismo da soberania e o solipsismo da razão terrorista colocam em questão

6. Norberto Bobbio, *O Futuro da Democracia*, 8ª ed. revista e ampliada (tradução de Marco Aurélio Nogueira), São Paulo, Paz e Terra, 2000, pp. 187-207; *A Era dos Direitos* (tradução de Carlos Nelson Coutinho), Rio de Janeiro, Campus, 1992, Introdução; Luigi Ferrajoli, "Diritto e Comportamento", em *Bobbio ad uso di amici e nemici*, a cura della redazione di Reset e di Corrado Ocone, Venezia, Marsilio, 2003, pp. 179-183; Michael Walzer, *Thick and Thin – Moral Argument at Home and Abroad*, Notre Dame, Notre Dame Press, 1994.

7. Cf. Roberto Romano, *O Desafio do Islã e outros Desafios*, São Paulo, Perspectiva, 2004, pp. 60-79.

8. Carl Schmitt, *Le categorie del "politico" – saggi di teoria politica*, a cura di Gianfranco Miglio e Pierangelo Schiera, Bologna, Il Mulino, 1972 – cf. "Teologia Politica: Quatro capitoli sulla dottrina della sovranità", pp. 33-86. Habermas mostra como o vitalismo belicista de Schmitt se contrapõe à visão kantiana de paz e de uma ordem cosmopolita. Cf. Jurgen Habermas, *A Inclusão do Outro – Estudos de Teoria Política*, (tradução de George Sperber e Paulo Astor Soethe), São Paulo, Loyola, 2002, pp. 218-227.

esta função estabilizadora do Direito Internacional e configuram, no plano da legitimidade, uma alteração geradora de incerteza do espaço dos valores, condicionador das ações da política externa[9].

As incertezas acima mencionadas vêm provocando no sistema internacional um aspecto não discutido no capítulo VI: a multiplicação das tensões. As tensões se diferenciam das controvérsias, como aponta Charles de Visscher[10]. Com efeito, as controvérsias são um desacordo entre atores internacionais sobre um assunto suficientemente circunscrito para se prestar a pretensões claras, suscetíveis de um exame que transita pela racionalidade do direito e da diplomacia. Assim, por exemplo, os contenciosos da OMC ou as negociações comerciais da OMC, da União Européia, da Alca, que integram a agenda da política externa do Brasil, em princípio se inserem nesta categoria. As tensões, ao contrário, são difusas e o seu objeto é impreciso. Instigam o antagonismo e exacerbam as questões de poderio porque subjacente a elas está presente a "alta política" de uma forçada distribuição de poder.

A distinção entre tensão e controvérsia comporta uma analogia com aquilo que os economistas, no trato das expectativas, dizem a respeito das diferenças entre risco e

9. Sobre a relação entre legitimidade e o espaço das proposições da ação diplomática, cf. Gelson Fonseca Jr., *A Legitimidade e outras Questões Internacionais: Poder e Ética entre as Nações*, São Paulo, Paz e Terra, 1998, pp. 137-248; Celso Lafer, "A Legitimidade na Correlação Direito e Poder: uma Leitura do Tema Inspirado no Tridimensionalismo Jurídico de Miguel Reale" em Urbano Zilles (coord.), Antonio Paim, Luis A. de Boni, Ubiratan B. de Macedo (orgs.), *Miguel Reale – Estudos em Homenagem a seus 90 anos*, Porto Alegre, Edipucrs, 2000, pp. 95-105.

10. Charles de Visscher, *Théories et Realités en Droit International Public* (4. ed., rev. e aumentada), Paris, Pedone, 1970, pp. 91-105, 371-372.

incerteza. O risco comporta mensuração com base em probabilidades objetivas; a incerteza não comporta este cálculo, inserindo no processo decisório a complexidade das probabilidades subjetivas. A conseqüência da multiplicação das tensões, que podem ser encaradas como incertezas, é a da diminuição, que atualmente ocorre no sistema internacional, do horizonte da previsibilidade[11].

No trato da morfologia das tensões, De Visscher menciona as tensões de hegemonia e as tensões de equilíbrio. No cenário internacional contemporâneo, assinalado pela preponderância do poder dos EUA em todos os tabuleiros diplomáticos, o que vem caracterizando a administração Bush, em contraste com a de Clinton, é a conversão da preponderância dos EUA numa tensão de hegemonia que se espraia *erga omnes*.

No cenário internacional contemporâneo, as tensões de equilíbrio têm um campo geográfico mais restrito. A referência à geografia é pertinente, pois a região é uma relevante categoria no estudo das relações internacionais. Exprime, no plano conceitual, uma relação entre um subsistema regional com as suas características próprias e a sua capacidade de atuar ou a sua necessidade de reagir diante do funcionamento do sistema internacional. Não é o caso, neste posfácio, de examinar como os distintos subsistemas regionais vêm sendo impactados, cada um à sua maneira, pela recente dinâmica de funcionamento do sistema internacional, cujos traços procurei delinear. Cabe, no entanto, uma menção à América Latina e à América do Sul que são, respectivamente, o contexto regional e o contexto de vizinhança do nosso país e cuja relevância para a

---

11. Cf. Thiery de Montbrial, *L'action et le système du monde*, Paris, PUF, 2002, p. 157, 443-463; Thèrese Delpech, *Politique du chaos*, Paris, Seuil, 2002.

política externa brasileira foram amplamente discutidos no capítulo III.

Em síntese, creio que se pode dizer que as transformações na dinâmica de funcionamento do sistema internacional não tiveram, na nossa região, um impacto do tipo, por exemplo, daquele que está incidindo no Oriente Médio, no qual tensões e controvérsias se mesclam, provocando uma espiral de violência. Por esta razão não estão tendo um efeito comprometedor na organização do espaço sul-americano como um contexto regional favorável à paz e ao desenvolvimento, que é uma das linhas de reflexão do capítulo III, reafirmada no capítulo VI. No entanto, as tensões presentes no sistema internacional contribuem para magnificar problemas latino-americanos que passam também a ter a dimensão difusa que caracteriza as tensões. É o caso da persistência das fragilidades econômico-financeiras; dos novos desafios para a consolidação democrática gerados pelo descompasso entre as expectativas criadas pela redemocratização e as dificuldades de inclusão social; do agravamento dos problemas de segurança e violência ligados à vertente transnacional da criminalidade organizada, do tráfico ilícito de armamento e drogas. A isto tudo se agregam as novas formas, que assumiram, recentemente em vários países, o repto do movimento indígena que traduz o desencontro entre nação, identidade e democracia[12]. É nesta moldura que se insere o assimétrico relacionamento da região com os EUA, que se vê naturalmente afetado em novos moldes pela atual tensão da hegemonia, quando se contrasta, como foi dito acima, a administração Clinton com a administração Bush.

12. Cf. Anibal Quijano, "O Movimento Indígena e as Questões Pendentes na América Latina", *Política Externa* vol. 12, nº 4, março-abril-maio 2004, pp. 77-95.

III

Em função das tendências acima mencionadas, a segunda metade do segundo mandato do presidente Fernando Henrique Cardoso foi, em matéria de condução de política externa, um "tempo de tormenta e vento esquivo" como observei, recorrendo a Camões (*Lusíadas*, V, 18)[13].

A resposta da diplomacia brasileira ao 11 de setembro foi a de solidariedade aos Estados Unidos, em consonância com um sentimento generalizado, quase unânime, prevalecente no sistema internacional. Isso se traduziu no endosso às resoluções da ONU, que aprovaram mecanismos de cooperação na luta contra o terrorismo e chancelaram multilateralmente a ação contra o regime talibã do Afeganistão, que dava base logística a Osama Bin Laden. Além disso, e levando em conta que o repúdio ao terrorismo é um dos princípios que constitucionalmente regem as relações internacionais do Brasil (Constituição Federal, art. 4, VIII), o Itamaraty tomou a iniciativa de invocar o Tratado Interamericano de Assistência Recíproca – o Tiar. Dela resultou resolução inteiramente compatível com as da ONU, representativa de um compromisso preciso de cooperação voltada para uma ação conjunta de prevenção e combate ao terrorismo, geograficamente circunscrito ao hemisfério americano e que não contempla o uso da força[14].

Em relação aos riscos do unilateralismo, que se confirmaram em 2003, a posição brasileira também foi muito clara. Em nome do governo Fernando Henrique Cardoso, afirmei em discurso de abertura dos debates da Assembléia Geral da ONU, no dia 12 de setembro de 2002:

13. Celso Lafer, *Mudam-se os Tempos – Diplomacia Brasileira 2001-2002*, Brasília, Funag/Ipri, 2002, p. 15.
14. *idem*, pp. 53-69.

"O uso da força no plano internacional somente pode ser admitido se esgotadas todas as alternativas de solução diplomática. A força somente pode ser exercida de acordo com a Carta das Nações Unidas e de modo consistente com as deliberações do Conselho de Segurança. Do contrário, estará solapada a credibilidade da organização, dando margem não apenas à ilegitimidade, como também à situação de equilíbrio precário e não duradouro.

No caso específico do Iraque, o Brasil sustenta que cabe ao Conselho de Segurança decidir as medidas necessárias para assegurar o pleno cumprimento das resoluções pertinentes. O exercício, pelo Conselho de Segurança, de suas responsabilidades, constitui a forma de desanuviar tensões e evitar riscos imprevisíveis de desestabilização mais abrangente"[15].

O duplo risco, o do terrorismo e o do unilateralismo, indutor da multiplicação de tensões que acima discuti, foi premonitoriamente apontado pelo presidente Fernando Henrique Cardoso no seu discurso em Paris, na Assembléia Nacional, em 30 de outubro de 2001, ao discutir a dicotomia barbárie/civilização: "A barbárie não é somente a covardia do terrorismo, mas também a intolerância e a imposição de políticas unilaterais em escala planetária"[16].

Feitos estes registros, sobre o "novo" provocado pelo cenário internacional, cabe dizer que, em 2001 e 2002, o Itamaraty aprofundou e deu seqüência às linhas da política externa que nortearam a visão do presidente Fernando Henrique Cardoso sobre a inserção do Brasil no mundo. No que tange ao período 1995-2000, delas tratei no livro. Quanto ao período 2001-2002, no qual tive o privilégio e a

15. *idem*, vol. 2, p. 57.
16. *Palavra do Presidente Fernando Henrique Cardoso*, Brasília, Presidência da República, 2002, vol. 14/2001, p. 504.

responsabilidade de assessorar o presidente como seu chanceler, o leitor interessado num tratamento mais circunstanciado sobre as modalidades do aprofundamento poderá consultar as indicações bibliográficas referidas na nota de rodapé[17].

No entanto, qual é e como se deve elaborar a apreciação da condução da política externa no governo FHC que cabe, em síntese, fazer neste posfácio? No seu livro de 1895 sobre a crise que viveu o Chile na Presidência Balmaceda, que é uma grande reflexão sobre a governabilidade, Joaquim Nabuco discute o tema da avaliação de um governo. Muito consciente do desperdício de forças e atividades prevalecentes na América Latina, aponta que o valor dos chefes de Estado sul-americanos não deve ser medido levando em conta apenas qualidades pessoais – tenacidade, patriotismo, honestidade. Deve ser julgado pelo resultado de sua administração e aí "é preciso comparar o estado em que receberam o país e o estado em que o deixaram, o inventário nacional quando entram e quando saem"[18].

17. Celso Lafer, *Mudam-se os Tempos...*, vols. 1 e 2, ed. cit. ; "Reflexões sobre uma gestão", *Política Externa* vol. II, nº 4 (mar.-abr.-mai.), pp. 111-135; Carlos Eduardo Lins da Silva, "Política e Comércio Exterior", em Bolivar Lamounier e Rubens Figueiredo (orgs.), *A Era FHC – Um Balanço*, São Paulo, Cultura Editores, 2002, pp. 295-330; Tullo Vigevani, Marcelo F. de Oliveira, Rodrigo Cintra, "Política Externa no Período FHC: A Busca da Autonomia pela Integração", *Tempo Social*, vol. 15, n. 2 (nov. 2003), pp. 31-61; Pedro da Motta Veiga, "O Brasil e as Negociações Comerciais"; Fábio Giambiagi e Mário Marconini, "Mercosul: Após a 'Paciência Estratégica', O Que?"; Paulo Roberto de Almeida, "A Relação do Brasil com os EUA: De FHC-Clinton a Lula-Bush", em Fabio Giambiagi, José Guilherme Reis e André Urani (orgs.), *Reformas no Brasil: Balanço e Agenda*, Rio de Janeiro, Nova Fronteira, 2004, pp. 155-228.

18. Joaquim Nabuco, *Balmaceda*, Rio de Janeiro, Leuzinger, 1895, p. 203.

O saldo do inventário da presidência Fernando Henrique Cardoso é muito positivo. Em matéria de política externa, o patamar da presença do Brasil no mundo teve um salto qualitativo no correr dos oito anos de sua gestão. Esta elevação do patamar não foi o fruto de rótulos ou de projetos distanciados do que estava ocorrendo na sociedade. Exprimiu a percepção pelo sistema internacional de uma evolução do país para o melhor, derivada de significativas mudanças operadas no âmbito interno[19]. Entre elas destaco: uma postura que estimulou o aprofundamento das práticas democráticas; a consolidação da defesa dos direitos humanos como política de Estado; a estabilidade da moeda; a responsabilidade fiscal; a melhoria consistente dos indicadores sociais; a maior abertura da economia ao exterior; o aumento das exportações; o expressivo crescimento da produção e competitividade do agronegócio; a construção de uma redistributiva rede de proteção social na área da educação e saúde; a escala da reforma agrária empreendida; a reformulação das funções do Estado, de que são exemplo a criação das agências regulatórias, necessárias para lidar com os serviços que foram privatizados e a atenção dada às carreiras de Estado, importantes para assegurar a qualidade da gestão pública nas condições do mundo contemporâneo. Foi esta a dimensão nacional da liderança de Fernando Henrique Cardoso no plano internacional que, com sentido de direção, valeu-se do histórico dos acervos diplomáticos do Brasil, combinando mudança e continuidade, em função da conjuntura internacional em que se inseriu.

Um elenco das notas básicas da diplomacia brasileira na presidência Fernando Henrique Cardoso incluiria

19. Cf. *Brasil 1994-2002: A Era do Real*, Brasília, Secom, 2002, p. 461-462.

os tópicos que passo a elencar. A prioridade dada ao relacionamento estratégico com a Argentina e a sustentação do projeto Mercosul mesmo em situações difíceis de crise. A elevação do patamar da relevância política e econômica da América do Sul – iniciada com a inédita Cúpula de Brasília de 2000, que teve seqüência na de Guyaquil de 2002 – por meio da integração em energia, transporte e comunicações, voltada para fazer não só a melhor política mas a melhor economia da nossa geografia. Um empenho em dar construtiva importância ao relacionamento com os EUA e a Europa, que se traduziu em comércio e investimentos, acompanhado de um deliberado esforço de não circunscrever o horizonte da política externa brasileira a estes dois pólos. Daí as parcerias com a China e a Índia, e o estreitamento das relações com a Rússia, *monster countries* como o Brasil, tal como explicado no capítulo I – das quais resultou, *inter alia*, a intensificação do intercâmbio comercial e maior consolidação do nosso país como *global trader* e *global player*. No capítulo das relações Sul/Sul, aponto uma aproximação com a África do Sul e um foco na CPLP-Comunidade dos Países de Língua Portuguesa – com atenção para Angola e Moçambique e um relevante papel no processo da independência do Timor.

São igualmente pontos fortes do período 1995-2002 uma diplomacia comercial particularmente ativa, que teve no plano multilateral, na OMC, o seu epicentro. Dela resultou uma bem sucedida defesa dos interesses brasileiros, seja no plano da utilização do sistema de solução de controvérsias – cujo marco inaugural foi a vitória, em 1996, sobre os EUA, no caso que tratou da discriminação imposta à exportação da Petrobrás de gasolina reformulada – seja no campo das definições de novas negociações, cujo ponto alto foi o mandato de Doha, de 2001, no qual destaco, em matéria de agricultura, a inclusão das vertentes de acesso a mercados, medidas de apoio interno e subsídios à exportação. Foi neste período que se iniciaram e foram estabelecidas as bases da negociação Mercosul-União Européia. Lembro que em matéria de Alca, cujo início remonta ao final do governo Itamar Franco, a visão de Fernando Henrique Cardoso sobre as bases e condições de sua negociação pelo Brasil foi por ele explicitada em discurso na Conferência de Quebec em 20 de abril de 2001. No discurso realçou, *inter alia*, o tema do acesso aos mercados, regras compartilhadas sobre antidumping, a importância de, concomitantemente, proteger a propriedade intelectual e promover a capacidade tecnológica interna, a correção das assimetrias cristalizadas[20].

No plano da visão geral, que exprime uma sensibilidade social-democrática no plano interno e externo, relembro a prioridade dada a atuantes políticas de direitos humanos e de meio ambiente. Aquela se traduziu, entre outras coisas, em dar seqüência à adesão do Brasil aos pactos internacionais e aos seus mecanismos de monitoramento bem como numa efetiva participação na Conferência de Durban de 2001 sobre racismo. Esta, no papel do Brasil nas negociações do Protocolo de Kyoto e na Conferência de Johanesburgo de 2002 – a Rio mais dez, na ênfase dada ao tema da ampliação do uso de energia de fontes renováveis. Reitero o registro, já feito no livro, sobre o alcance da adesão do Brasil ao Tratado de Não Proliferação Nuclear, que está em consonância com a nossa situação no mundo e de acordo com o que prescreve o art. 21 – XXIII da Constituição. Observo, na linha de uma preocupação com a prestação de serviços à

20. *Palavra do Presidente Fernando Henrique Cardoso*, Brasília, Presidência da República, 2002, vol. 13/2001, p. 244.

cidadania, que dado o número de brasileiros que hoje vivem fora do país, buscando em outros lugares oportunidades de melhoria econômica, que houve no governo FHC uma reformulação das atividades da rede consular, voltada para a proteção de nacionais no exterior.

Concluo este inventário relembrando, também, como está dito no livro, que a posição do governo Fernando Henrique Cardoso em relação ao processo de globalização foi a do realismo crítico. Buscou participar e propôs a reformulação de normas e pautas internacionais com o objetivo de lidar com os problemas oriundos do fundamentalismo do mercado e do déficit da governança mundial. O imperativo, discutido no capítulo IV, de "conseguir adequada relação entre a lógica do mercado e as necessidades sociais internas de cada país" foi um propósito permanente de seu governo. Daí o recorrente tema de uma nova arquitetura financeira internacional e a atuação diplomática que levou, em 2001, à Declaração Ministerial de Doha sobre Trips e Saúde Pública.

IV

É cedo para fazer uma avaliação sobre os modos pelos quais o governo Lula está conduzindo a política externa do Brasil e provavelmente a minha objetividade no trato da questão não é plena. Cabem, no entanto, neste posfácio, algumas considerações, à luz dos temas recorrentes discutidos neste livro.

Começaria observando que a eleição de Lula em 2002 assinalou a consolidação de uma democracia de inclusão social em nosso país. Daí, um ingrediente importante da positiva repercussão internacional que cercou o início de seu governo. A isto se somou a *vis atractiva* de sua biografia e de sua trajetória política, como líder de um partido de massas com as características do PT. Também uma atitude que qualificaria como não populista em matéria macro-econômica, acompanhada de uma exemplar transição na qual se empenhou o governo Fernando Henrique Cardoso, para a nova administração liderada pelo PT, foram outros elementos demonstrativos da maturidade institucional do país, que deram ao governo Lula as bases do seu ponto de partida.

Neste contexto, seria razoável imaginar que, em função dos seus ativos próprios de legitimidade e levando em conta as "forças profundas" que vêm norteando a política externa brasileira, discutidas neste livro, que o novo governo considerasse o respeitável legado diplomático da gestão Fernando Henrique Cardoso como um adquirido a partir do qual, combinando mudança e continuidade, iria construir a sua própria maneira de atuar no mundo. Isto ocorreu no plano da prática, mas não no da postura cabendo, assim, uma análise da matéria.

No plano da postura, o governo Lula vem, até o presente momento, timbrando em deliberadamente dissociar-se, em matéria de política externa, do anterior. Também ignora a herança diplomática do país. Um caso paradigmático é o da inserção do tema da fome na agenda internacional, apresentado como novidade e sem uma menção às iniciativas brasileiras na FAO, na década de 1950 e de 1960, promovidas por Josué de Castro, com o lastro intelectual dos seus livros, de larga repercussão no Brasil e no exterior, *Geografia da Fome* (1946) e *Geopolítica da Fome* (1948)[21]. Em poucas palavras,

21. Cf. Manuel Correia de Andrade, "Josué de Castro: O Homem, o Cientista e seu Tempo", *Estudos Avançados*, vol. 11, n. 29

no plano da retórica, o governo Lula assume-se como uma espécie de marco zero diplomático e entende que, para recorrer a Hannah Arendt, pelo poder da vontade, é um começo absoluto e não a continuação de uma série precedente[22].

Uma postura deste tipo não é usual na História da Política Externa brasileira. Não é usual, seja pelos fatores de persistência da inserção do país no mundo, seja pela consciência da relação entre credibilidade e continuidade e as inconveniências da brusca mudança de rumo expostas por San Tiago Dantas, como aponto no capítulo I. É por este motivo que uma das funções do Itamaraty no sistema político brasileiro tem sido assegurar um certo estilo de conduta diplomática como parte da identidade e da dimensão da coerência da atuação do Brasil no plano internacional, como discuto no capítulo II.

Apesar de não usual, esta postura não é inédita. Exprime o que qualifiquei, na nota introdutória, de incoerências de conjuntura. Assim, por exemplo, com a queda do Império, por um curto período o novo regime, por motivos ideológicos, dissociou-se do passado, e por meio de uma "festa" republicana procurou reproduzir no plano externo as mudanças institucionais internas[23]. Com o

---

(jan-abr. 1997), pp. 169-194; Vera Calicchio, "Josué de Castro", verbete em Alzira Alves de Abreu, Israel Beloch, Fernando Lattman-Weltman, Sérgio Tadeu de Niemeyer Lamarão (coords.), *Dicionário Histórico-Biográfico Brasileiro – Pós 1930*, vol. 1, 2. ed., revista e atualizada, Rio de Janeiro, Ed. FGV/CPDOC, 2001.

22. Cf. Hannah Arendt, *A Vida do Espírito – O Pensar, o Querer, o Julgar* (tradução de Antonio Abranches, Cesar Augusto R. de Almeida, Helena Martins), Rio de Janeiro, Relume-Dumará/Ed. UFRJ, 1992, p. 208.

23. Clodoaldo Bueno, *A República e sua Política Exterior* (1889-1902), São Paulo/Brasília, Unesp/Fund. Alexandre de Gusmão, 1995, p. 23.

tempo, os aspectos positivos da "republicanização" da política externa se incorporaram, sem traumas, às linhas de continuidade da diplomacia brasileira, como discuto no capítulo II, ao examinar o legado diplomático de Rio Branco. Este legado fixou, como observa Rubens Ricúpero, um paradigma de longa duração das relações do Brasil com a América Latina e os Estados Unidos[24]. Também na passagem do governo de Juscelino Kubitschek para o de Janio Quadros, a política externa independente foi, com alguns elementos de provocação e em contraponto a uma gestão rigidamente ortodoxa da política econômica, apresentada como muito distinta da diplomacia anterior, não obstante a existência de elementos de continuidade discutidos no capítulo V. Estes elementos amalgamados ao novo da política externa independente, subseqüentemente sistematizados por San Tiago Dantas, propiciaram um alargamento de horizontes compatível com as "forças profundas" que norteiam, no tempo, a diplomacia brasileira.

Nestes dois exemplos – e alguns outros poderiam ser mencionados – a razão de ser inicial da dissociação é de natureza interna. Está ligada à percepção da conveniência política de marcar uma diferença de identidade, dando ênfase não à mudança mas à ruptura.

No caso do governo Lula, a postura da dissociação – o tema da "herança maldita" – e do marco zero está direcionada, no meu entender, para dar uma satisfação ideológica interna "compensando" continuidades bastante explícitas, com o governo anterior na condução da política macroeconômica. É, *mutatis mutandis*, o equivalente, à "festa" republicana. Ela se traduz em transformar um

---

24. Rubens Ricúpero, *Visões do Brasil – Ensaios sobre a História e a Inserção Internacional do Brasil*, Rio de Janeiro, Record, 1995, pp. 327-332.

evento – o simbolismo inovador da eleição de Lula – numa retórica do movimento. Esta, para recorrer à distinção que faz Bobbio entre "movimento" e "mutamento" na análise do conceito e da experiência de Revolução, almeja propiciar uma "festa" petista, dando à política externa também uma feição de "política-espetáculo"[25]. É por este motivo que o estilo da política externa do governo Lula – inclusive no manejo interno do Itamaraty – tem se afastado de famosa síntese do Conselho de Estado do Império sobre a diplomacia brasileira: "Diplomacia inteligente, sem vaidade; franca, sem indiscrição; enérgica, sem arrogância"[26].

Isto tem as suas conseqüências, pois a palavra tem papel importante na condução da política externa. Freqüentemente, na diplomacia, falar é agir. É por esse motivo que a palavra, em política externa, é constitutiva e não apenas declaratória. Foi por esta razão que no livro dei importância ao tema do estilo diplomático do Brasil e é por este motivo que tenho ressalvas à atual retórica do movimento e dúvidas de monta quanto a utilização da política externa para a satisfação ideológica interna. Com efeito, na minha avaliação, a conseqüência é contribuir, de maneira desnecessária, para a multiplicação das tensões e das incertezas. Dito de outro modo, a retórica do movimento dispersa em vez de concentrar os esforços e os recursos do poder de que dispõe o país no encaminhamento das controvérsias de interesse nacional, para retomar as considerações de ordem geral sobre o cenário mundial contemporâneo, apresentadas neste posfácio.

25. Cf. Norberto Bobbio, "La Rivoluzione tra movimento e mutamento", *Teoria Politica*, Anno V, ns. 2-3, 1989, pp. 3-21 e Mona Ozouf, *La fête revolutionnaire – 1789-1799*, Paris, Gallimard, 1976.

26. Celso Lafer, *Mudam-se os Tempos...*, vol. 1, ed. cit. , p. 276

É evidente que toda política, inclusive a política externa, comporta riscos e por isso requer coragem. Esta é uma "virtude forte", necessária para o ofício de governar, e Montesquieu a define como o sentimento das próprias forças. No plano diplomático, na avaliação do sentimento das suas próprias forças, um país como o Brasil não pode nem sobrestimar nem subestimar o seu peso no mundo e a sua relevância para os demais países. É por isso que, recorrendo a Aristóteles, lembro que a coragem, como toda virtude, é um equilíbrio. No caso do estilo diplomático de condução da política externa, um equilíbrio entre dois excessos igualmente condenáveis: o excesso de medo, que leva à acomodação, e o excesso de temeridade, que leva à inconseqüência insensata[27]. O tempo dirá se é ou não exagerada a minha avaliação dos riscos, no plano externo, manufaturados pelo estilo diplomático do governo Lula. Neste estilo pulsa a voz popular e espontânea, porém sem direção clara, da revolta. Nele reverbera, não o nacionalismo de fins, examinado no capítulo V, mas sim um anacrônico e zelotista nacionalismo de meios[28].

No plano substantivo e da prática, na linha do que se discute no livro, há claros elementos de continuidade, com legítimos e naturais destaques próprios, construídos a partir da herança diplomática do governo FHC. O relacionamento estratégico com a Argentina, a prioridade dada ao Mercosul, a importância atribuída à América do Sul, a ênfase no relacionamento com a China, a Índia, a

27. Montesquieu, *Causes de la grandeur des Romains*, cap. II, em *Oeuvres Completes*, vol. II, Paris, Pleiâde, 1951, p. 79; Aristote, *Ethique a Nicomaque*, II, 7, 1107b (ed. Tricot), Paris, Vrin,1972, pp. 108-109.

28. Sobre o zelotismo na problemática dependência/autonomia cf. Hélio Jaguaribe, *Sociedade e Cultura*, São Paulo, Vértice, , 1986, pp. 59-82.

Rússia e a África do Sul partem do legado recebido do governo anterior. A ativa diplomacia comercial no âmbito da OMC também parte deste legado. Assim, a utilização, em defesa do interesse nacional, do sistema de solução de controvérsias, tem a sua base na bem sucedida experiência brasileira com disputas na OMC, acumulada no governo Fernando Henrique Cardoso. A própria criação do G-20 que foi, com o recuo do Grupo do Cairns, uma válida aliança operada pelo governo Lula para a condução das difíceis e ainda indefinidas negociações, é outro exemplo. Trata-se de uma meritória inovação que só foi possível por obra do mandato negociador de Doha que, com decisivo empenho do governo Fernando Henrique Cardoso, contemplou de forma abrangente os temas agrícolas que afetam o multilateralismo comercial. A negociação do acordo União Européia-Mercosul, à qual o governo Lula vem dando, com razão, ênfase, foi iniciada no governo Fernando Henrique Cardoso e tem a sua base de discussão no que foi então acordado. As negociações da Alca pelo atual governo, objeto de tanta polêmica na avaliação dos seus riscos e oportunidades, inclui na sua pauta os grandes temas colocados pelo presidente Fernando Henrique Cardoso no seu discurso de Quebec, independentemente de cabível discussão crítica sobre a maneira como, interna e externamente, os problemas da Alca vêm sendo tratados. É relevante, neste sentido, lembrar os riscos para o Brasil dos acordos bilaterais que os EUA estão fazendo com países da região, pois estes acordos vão dificultar o acesso aos mercados latino-americanos e norte-americanos que absorvem parte significativa das exportações brasileiras, com destaque para os manufaturados.

No plano de uma visão crítica em relação aos problemas da globalização e ao seu déficit de governança foi o governo Fernando Henrique Cardoso que moveu a primeira pedra na direção de um novo critério de contabilização dos investimentos na apuração das contas públicas por parte do FMI, processo lento que o atual governo está levando adiante. Não quero deixar de mencionar, também, que o governo Lula vem se caracterizando, como o anterior, por uma ativa diplomacia presidencial.

Ao lado destas continuidades, há, como é natural, mudanças de ênfase e descontinuidades. São exemplos de ênfase o redobrado protagonismo voltado para dar ao Brasil um assento permanente no Conselho de Segurança, que tem os seus custos diplomáticos na região, e que enfrenta obstáculos no plano internacional, pois é uma aspiração de representatividade a ser consensualmente tecida no plano da legitimidade[29]. Uma movimentação mais abrangente no tema Sul-Sul é outra nota própria do governo Lula. No plano do comércio internacional, o tema Sul-Sul vem levando à iniciativa de uma nova rodada de negociações de preferências comerciais entre países em desenvolvimento no âmbito da Unctad. No plano político, em função do estilo diplomático do governo Lula, é possível detectar, no tema Sul-Sul, uma ilusória aspiração de enrijecer o quadro internacional com uma nova polarização ideológica. A viagem do presidente, em 2003, à Síria e à Líbia, tem algo disso.

São exemplos de descontinuidades, não só em relação ao governo FHC mas em relação aos governos democráticos que se sucederam depois do término do regime militar, a preocupante inação e recuo, na política internacional de direitos humanos e meio ambiente. Estas, com efeito, po-

---

29. Tratei das dificuldades que o Brasil enfrenta para obter um assento permanente no Conselho de Segurança no meu prefácio ao livro de Eugenio Vargas Garcia, *O Brasil e a Liga das Nações* (1909-1926), Porto Alegre, Brasília, Ed. da UFRGS/Funag, 2000, pp. 7-20.

dem ser vistas, com a redemocratização, como políticas de Estado, respaldadas pelos dispositivos da Constituição de 1988 (CF, art. 4-II, art. 5 §2, art. 225).

Concluo ressalvando que dezoito meses é tempo de menos para uma avaliação mais adequada da condução da política externa pelo governo Lula. A análise proposta teve como ponto de partida os temas recorrentes deste livro e foi por esta razão que achei necessário empreendê-la nesta última parte do posfácio. Espero que numa possível terceira edição deste livro e com o benefício de uma perspectiva mais ampla, eu possa, à maneira do que sugeriu Joaquim Nabuco, fazer um inventário mais preciso e mais conclusivo.

São Paulo, junho de 2004

Sobre o Autor

Celso Lafer (São Paulo, 1941) é professor-titular do Departamento de Filosofia e Teoria Geral do Direito da Faculdade de Direito da USP, na qual estudou (1960-1964) e leciona desde 1971. Obteve o seu PhD em Ciência Política na Universidade de Cornell, EUA, em 1970; a livre-docência em Direito Internacional Público na Faculdade de Direito da USP em 1977 e a titularidade em Filosofia do Direito em 1988. Foi Chefe do Departamento de Filosofia e Teoria Geral do Direito da Faculdade de Direito da USP (1992-1995) e Presidente do Conselho de Administração da Metal Leve S/A. Indústria e Comércio (1993-1995), Conselho que integrou desde 1971 e do qual foi Vice-Presidente.

Foi Ministro de Estado das Relações Exteriores em 2001-2002, e em 1992 e Ministro de Estado do Desenvolvimento, Indústria e Comércio em 1999. De 1995 a 1998 foi Embaixador, Chefe da Missão Permanente do

Brasil junto às Nações Unidas e à Organização Mundial do Comércio em Genebra. Em 1996 foi o Presidente do Órgão de Solução de Controvérsias da Organização Mundial do Comércio e, em 1997, foi Presidente do Conselho Geral da Organização Mundial do Comércio. Presidiu na OMC, em 1998, o *Panel*: "India - Quantitative Restrictions on Imports of Agricultural, Textiles and Industrial Products".

É Chefe do Departamento de Filosofia e Teoria Geral do Direito da Faculdade de Direito da USP desde 2003, Presidente do Conselho Deliberativo do Museu Lasar Segall e co-editor, com Gilberto Dupas, da Revista *Política Externa*. É, desde 2002, membro da Corte Permanente de Arbitragem Internacional de Haia e, desde 2003, membro do Conselho Superior da Fundação de Amparo à Pesquisa do Estado de São Paulo-Fapesp. Doutor *honoris causa* da Universidade de Buenos Aires (2001) e da Universidade Nacional de Cordoba, Argentina (2002), recebeu, em 2001, o Prêmio Moinho Santista na área de Relações Internacionais. É Membro Titular da Academia Brasileira de Ciências, eleito em 2004.

Principais Publicações

O Judeu em Gil Vicente, São Paulo, Conselho Estadual de Cultura, 1963

The Planning Process and the Political System in Brazil; a study of Kubitschek's target plan, 1956-1961. Cornell University, Latin American Studies Program - Dissertation Series n° 16, June/1970.

Edição brasileira: *JK e o Programas de Metas (1956-1961) - Processo de Planejamento e Sistema Político no Brasil*, Rio de Janeiro, Ed. FGV, 2002 (com nova apresentação e um apêndice).

Em co-autoria com Felix Peña, *Argentina e Brasil no `Sistema de Relações Internacionais*, São Paulo, Duas Cidades, 1973.

Idem em espanhol, Buenos Aires, Nueva Visión, 1973.

O Sistema Político Brasileiro, Estrutura e Processo, São Paulo, Perspectiva, 1975.

Comércio e Relações Internacionais, São Paulo, Ed. Perspectiva, 1977

O Convênio do Café de 1976: Da Reciprocidade no Direito Internacional Econômico, São Paulo, Perspectiva, 1979.

Gil Vicente e Camões, São Paulo, Ed. Ática, 1978

Hannah Arendt: Pensamento, Persuasão e Poder, Rio de Janeiro, Paz e Terra, 1979. 2ª ed., revista e ampliada, São Paulo, Paz e Terra, 2003.

Hobbes, o direito e o estado moderno, São Paulo, Associação dos Advogados de São Paulo, 1980.

Ensaios sobre a Liberdade, São Paulo, Perspectiva, 1980.

Paradoxos e Possibilidades, (Estudos sobre a Ordem Mundial e sobre a Política Exterior do Brasil num Sistema Internacional em Transformação), Rio de Janeiro, Nova Fronteira, 1982.

O Brasil e a Crise Mundial, (Paz, Poder e Política Externa), São Paulo, Perspectiva, 1984.

A Reconstrução dos Direitos Humanos (um Diálogo com o Pensamento de Hannah Arendt), São Paulo, Companhia das Letras, 1988.

Idem em espanhol, México, Fondo de Cultura Económica, 1994.

Discursos Parlamentares/Horácio Lafer, seleção e introdução de Celso Lafer, Brasília, Câmara dos Deputados, Coordenação de Publicações, 1988 (Perfis Parlamentares; 38).

Ensaios Liberais. São Paulo, Siciliano, 1991.

Idem em espanhol, edição ampliada. México, Fondo de Cultura Económica, 1993.

Política Externa Brasileira: Três Momentos. São Paulo, Fundação Konrad Adenauer-Stiftung, 1993.

A Inserção Internacional do Brasil - A Gestão do Ministro Celso Lafer no Itamaraty, Brasília, MRE, 1993.

Desafios – Ética e Política. São Paulo, Siciliano, 1995.

A OMC e a Regulamentação do Comércio Internacional: Uma Visão Brasileira. Porto Alegre, Livraria do Advogado, 1998.

Documentos: Desenvolvimento, Indústria e Comércio. São Paulo, Fiesp/Instituto Roberto Simonsen, 1999 (Relatório da gestão Celso Lafer no Ministério do Desenvolvimento, da Indústria e do Comércio).

Comércio, Desarmamento, Direitos Humanos – Reflexões sobre uma experiência diplomática. São Paulo, Paz e Terra, 1999.

Mudam-se os Tempos - Diplomacia Brasileira 2001-2002, vol. I e vol. II. Brasília, Funag/Ipri, 2002.

Organizador, com Carlos Henrique Cardim, *Horácio Lafer, Democracia, Desenvolvimento e Política Externa*. Brasília, Funag/Ipri, 2002.

Este livro foi impresso em São Paulo,
nas oficinas da Graphium Gráfica e Editora,
em fevereiro de 2014, para a Editora Perspectiva.